Projeto LUMIRÁ

HISTÓRIA 5

Organizadora: Editora Ática S.A.
Obra coletiva concebida pela Editora Ática S.A.
Editora responsável: Heloisa Pimentel

Material de apoio deste volume:
- Miniatlas

editora ática

editora ática

Diretoria editorial
Lidiane Vivaldini Olo
Gerência editorial
Luiz Tonolli
Editoria de Ciências Humanas
Heloisa Pimentel
Edição
Regina Gomes e Guilherme Reghin Gaspar,
Thamirys Gênova da Silva e Mariana Renó Faria (estagiárias)
Gerência de produção editorial
Ricardo de Gan Braga
Arte
Andréa Dellamagna (coord. de criação),
Talita Guedes (progr. visual de capa e miolo),
Claudio Faustino (coord.),
Eber Alexandre de Souza (edição);
Lívia Vitta Ribeiro, Luiza Massucato e Casa de Tipos (diagram.)
Revisão
Hélia de Jesus Gonsaga (ger.),
Rosângela Muricy (coord.),
Célia da Silva Carvalho, Heloísa Schiavo,
Patrícia Travanca e Paula Teixeira de Jesus;
Brenda Morais e Gabriela Miragaia (estagiárias)
Iconografia
Sílvio Kligin (superv.),
Denise Durand Kremer (coord.),
Angelita Cardoso (pesquisa),
Cesar Wolf e Fernanda Crevin (tratamento de imagem)
Ilustrações
Estúdio Icarus CI – Criação de Imagem (capa),
Weberson Santiago e Mario Kanno (miolo)
Cartografia
Banco de imagens (miolo)

Avenida das Nações Unidas, 7221, 3º andar, Setor A
Pinheiros – São Paulo – SP – CEP 05425-902
Tel.: 4003-3061
www.atica.com.br / editora@atica.com.br

Dados Internacionais de Catalogação na Publicação (CIP)
(Câmara Brasileira do Livro, SP, Brasil)

Projeto Lumirá: história : ensino fundamental I / obra coletiva concebida pela Editora Ática ; editor responsável Heloisa Pimentel. – 2. ed. – São Paulo : Ática, 2016.
Obra em 4 v. para alunos do 2º ao 5º ano.

1. História (Ensino fundamental) I. Pimentel, Heloisa.

16-00039 CDD-372.89

Índice para catálogo sistemático:
1. História : Ensino fundamental 372.89

2018

ISBN 978 85 08 17864 3 (AL)
ISBN 978 85 08 17865 0 (PR)

Cód. da obra CL 739155

CAE 565 965 (AL) / 565 966 (PR)

2ª edição
5ª impressão

Impressão e acabamento
Brasilform Editora e Ind. Gráfica

Elaboração de originais

Murilo José de Resende
Licenciado em História pela Universidade de São Paulo (USP)
Mestre em Educação pela Universidade de São Paulo (USP)

Regina Maria de Oliveira Ribeiro
Licenciada em História pela Universidade de São Paulo (USP)
Doutora em Educação pela Universidade de São Paulo (USP)

Thelma Cademartori Figueiredo de Oliveira
Licenciada em História pela Universidade Federal do Rio Grande do Sul (UFRGS)
Doutora em Educação pela Universidade de São Paulo (USP)

Marianka Gonçalves Santa Bárbara
Licenciada em Letras pela Universidade Federal de Campina Grande (UFCG-PB)
Mestra em Linguística Aplicada pela Pontifícia Universidade Católica de São Paulo (PUC-SP)
Professora da Cogeae-PUC-SP

Projeto

LUMIRÁ

HISTÓRIA 5

MINIATLAS

editora ática

editora ática

Diretoria editorial
Lidiane Vivaldini Olo
Gerência editorial
Luiz Tonolli
Editoria de Ciências Humanas
Heloisa Pimentel
Edição
Regina Gomes e Guilherme Reghin Gaspar,
Thamirys Gênova da Silva e Mariana Renó Faria (estagiárias)
Gerência de produção editorial
Ricardo de Gan Braga
Arte
Andréa Dellamagna (coord. de criação),
Talita Guedes (progr. visual de capa e miolo),
Claudio Faustino (coord.),
Eber Alexandre de Souza (edição),
Luiza Massucato (diagram.)
Revisão
Hélia de Jesus Gonsaga (ger.),
Rosângela Muricy (coord.),
Célia da Silva Carvalho, Heloísa Schiavo,
Patrícia Travanca e Paula Teixeira de Jesus;
Brenda Morais e Gabriela Miragaia (estagiárias)
Ilustrações
Estúdio Icarus CI – Criação de Imagem (capa),
Adilson Farias (miolo)
Cartografia
Eric Fuzii, Marcelo Seiji Hirata e Márcio Souza

Avenida das Nações Unidas, 7221, 3º andar, Setor A
Pinheiros – São Paulo – SP – CEP 05425-902
Tel.: 4003-3061
www.atica.com.br / editora@atica.com.br

Dados Internacionais de Catalogação na Publicação (CIP)
(Câmara Brasileira do Livro, SP, Brasil)

Projeto Lumirá: história : ensino fundamental I / obra coletiva concebida pela Editora Ática ; editor responsável Heloisa Pimentel. – 2. ed. – São Paulo : Ática, 2016.
Obra em 4 v. para alunos do 2º ao 5º ano.

1. História (Ensino fundamental) I. Pimentel, Heloisa.

16-00039 CDD-372.89

Índice para catálogo sistemático:
1. História : Ensino fundamental 372.89

2018

ISBN 978 85 08 17864 3 (AL)
ISBN 978 85 08 17865 0 (PR)

Cód. da obra CL 739155

CAE 565 965 (AL) / 565 966 (PR)

2ª edição
5ª impressão

Impressão e acabamento
Brasilform Editora e Ind. Gráfica

Adilson Farias/Arquivo da editora

SUMÁRIO

Divisão política e povoamento do Brasil (século 19)

Adaptado de: **Atlas histórico geral & Brasil**. Cláudio Vicentino. São Paulo: Scipione, 2011. p. 128.

Economia no Brasil (século 19)

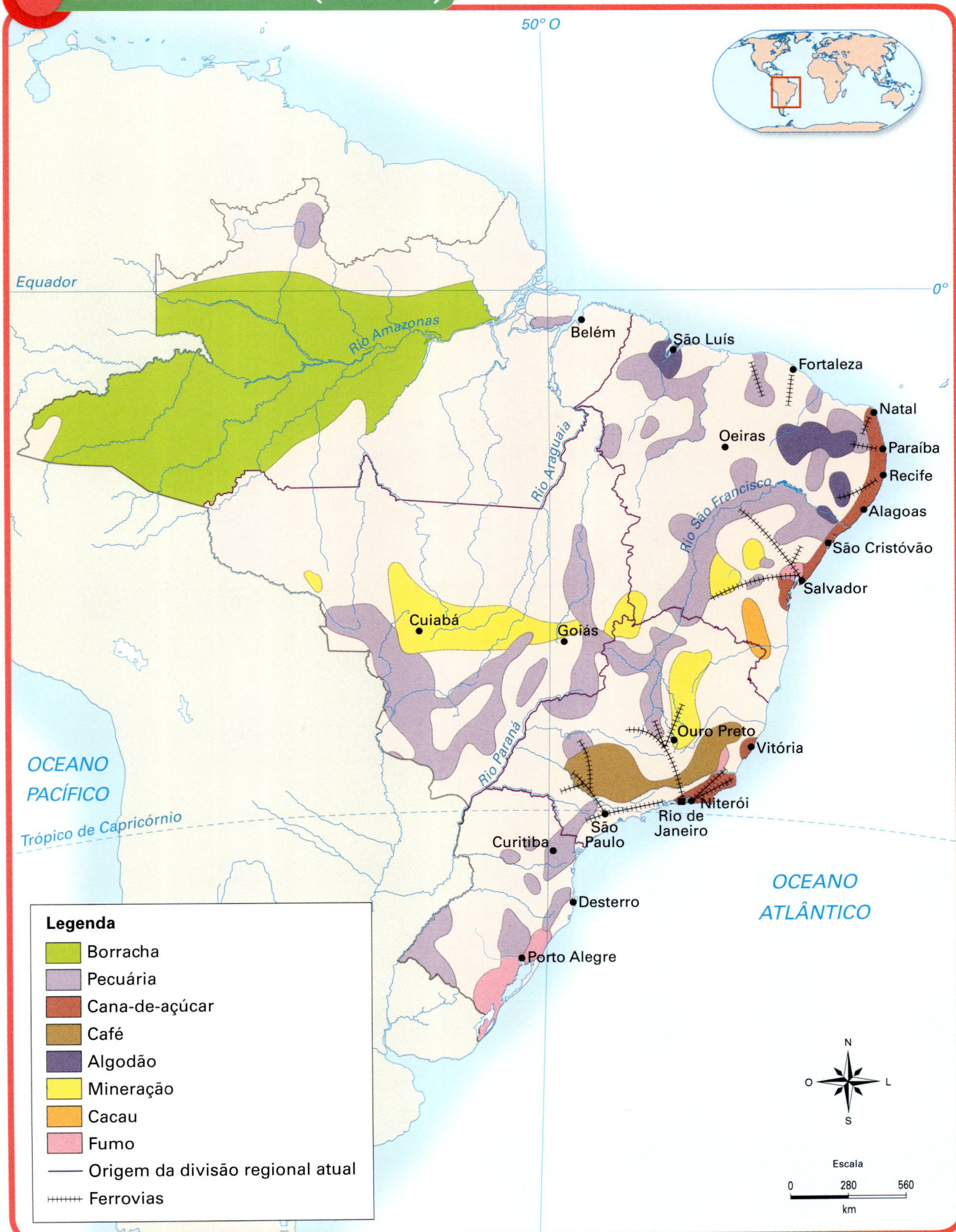

Adaptado de: **Atlas histórico geral & Brasil**. Cláudio Vicentino. São Paulo: Scipione, 2011. p. 129.

Ferrovias em São Paulo no século 19

Adaptado de: **Atlas histórico geral & Brasil**. Cláudio Vicentino. São Paulo: Scipione, 2011. p. 129.

Expansão cafeeira

Adaptado de: **Atlas História do Brasil**. Flávio de Campos; Miriam Dolhnikoff. São Paulo: Scipione, 2000. p. 24.

Escravizados no Brasil (século 19)

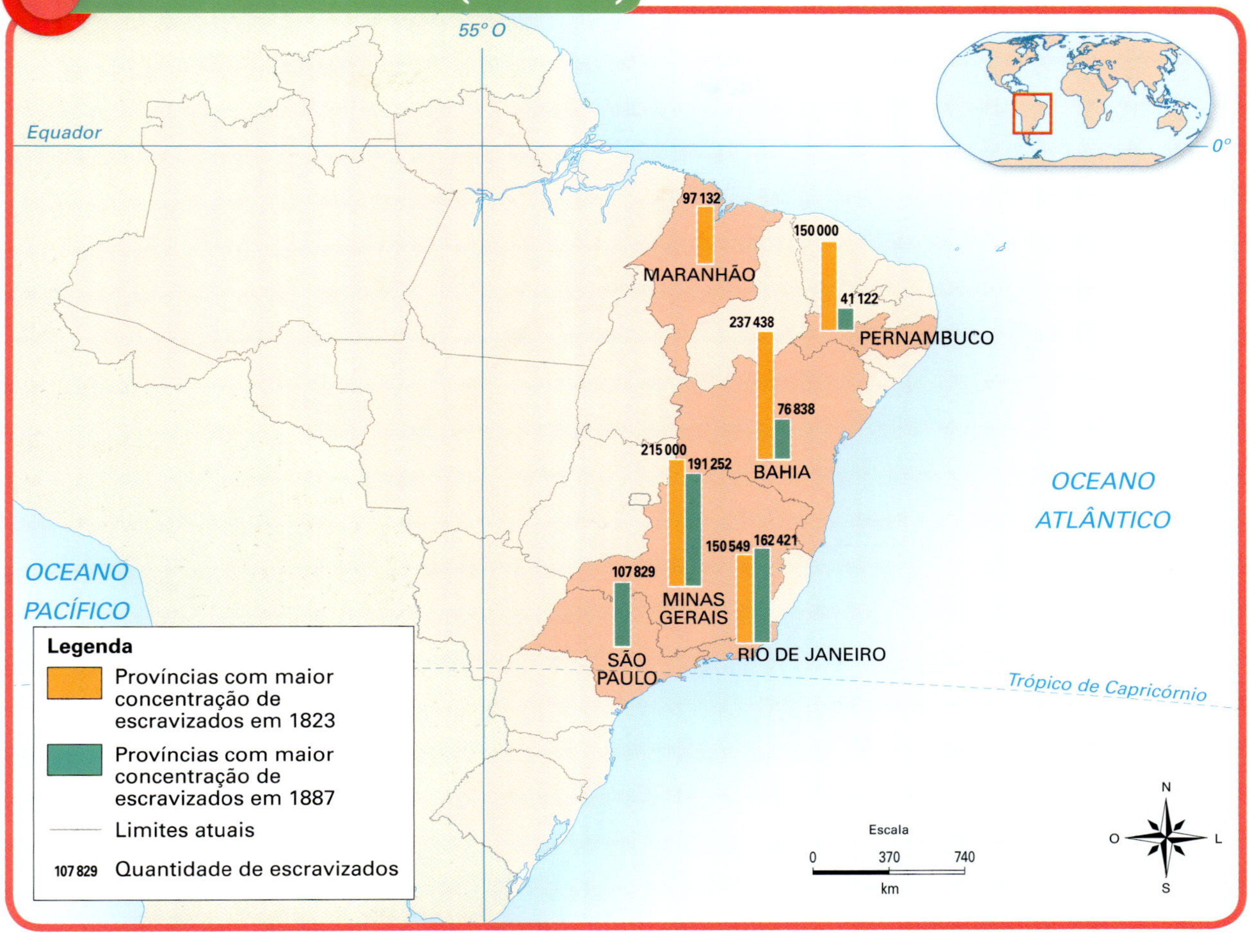

Adaptado de: **Atlas História do Brasil**. Flávio de Campos; Miriam Dolhnikoff. São Paulo: Scipione, 1997. p. 33.

Imigração no Brasil do século 19 ao século 20

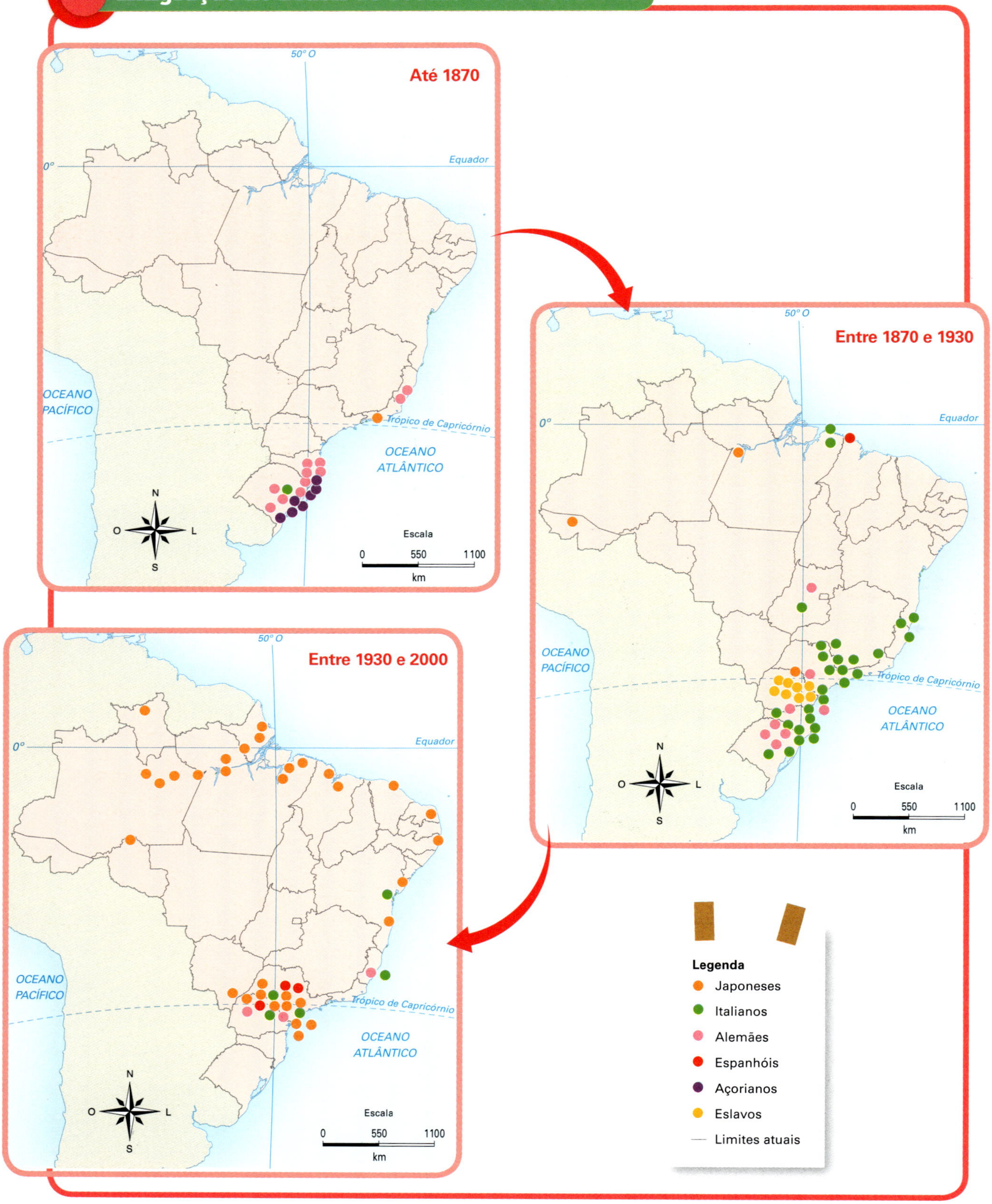

Adaptado de: **Atlas História do Brasil**. Flávio de Campos; Miriam Dolhnikoff. São Paulo: Scipione, 1997. p. 45.

A Guerra do Paraguai (1864-1870)

Adaptado de: **Atlas histórico escolar**. Manoel Maurício de Albuquerque et al. Rio de Janeiro: MEC/Fename, 1996. p. 68-69, 74.

Conflitos sociais no Brasil entre o final do século 19 e o início do século 20

Adaptado de: **Atlas histórico geral & Brasil**. Cláudio Vicentino. São Paulo: Scipione, 2011. p. 138 e 163.

Movimentos sociais e industrialização no início do século 20

Adaptado de: **Atlas histórico geral & Brasil**. Cláudio Vicentino. São Paulo: Scipione, 2011. p. 138.

Revoltas no Brasil na década de 1930

Adaptado de: **Atlas histórico do Brasil**. Flávio de Campos; Miriam Dolhnikoff. São Paulo: Scipione, 1997. p. 75.

Comícios pelas eleições diretas (1984)

Adaptado de: **Atlas histórico do Brasil**. Flávio de Campos; Miriam Dolhnikoff. São Paulo: Scipione, 1997. p. 75.

Divisão territorial do Brasil (séculos 16 a 21)

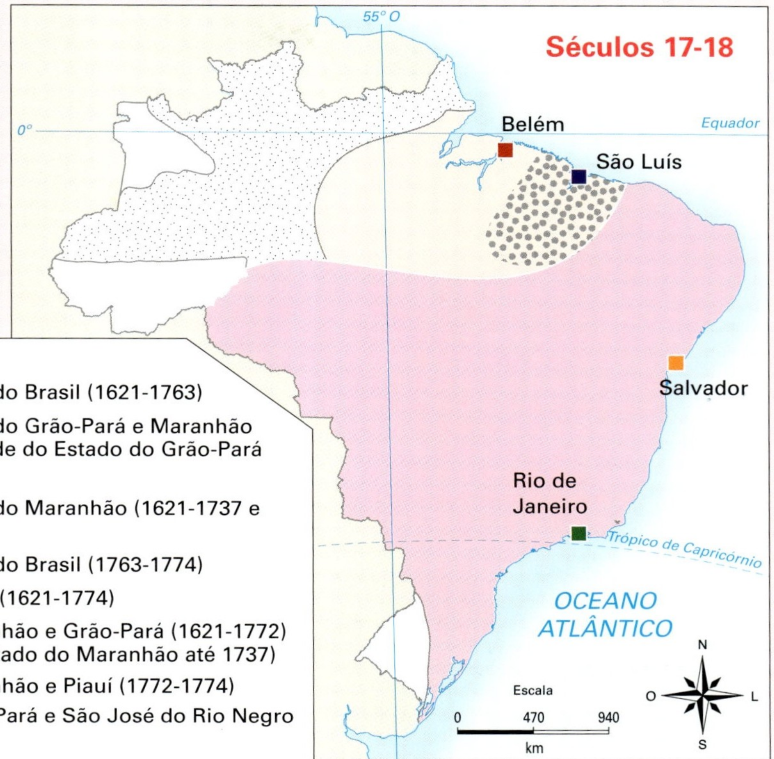

Legenda

- Sede do Estado do Brasil (1621-1763)
- Sede do Estado do Grão-Pará e Maranhão (1737-1772) e sede do Estado do Grão-Pará (1772-1774)
- Sede do Estado do Maranhão (1621-1737 e 1772-1774)
- Sede do Estado do Brasil (1763-1774)
- Estado do Brasil (1621-1774)
- Estado do Maranhão e Grão-Pará (1621-1772) (denominado estado do Maranhão até 1737)
- Estado do Maranhão e Piauí (1772-1774)
- Estado do Grão-Pará e São José do Rio Negro (1772-1774)
- Limites atuais

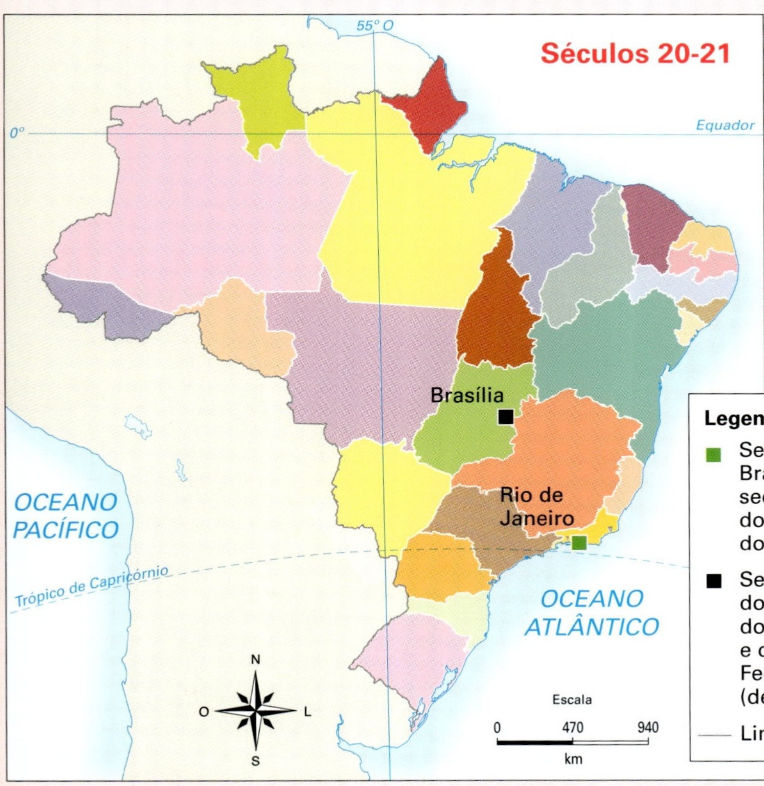

Legenda

- Sede do Império do Brasil (1822-1889); sede da República dos Estados Unidos do Brasil (1889-1960)
- Sede da República dos Estados Unidos do Brasil (1960-1967) e da República Federativa do Brasil (de 1967 em diante)
- Limites atuais

Adaptado de: **Atlas histórico geral & Brasil**. Cláudio Vicentino. São Paulo: Scipione, 2011. p. 97.

Eleições no Brasil: vencedores entre 1994 e 2014

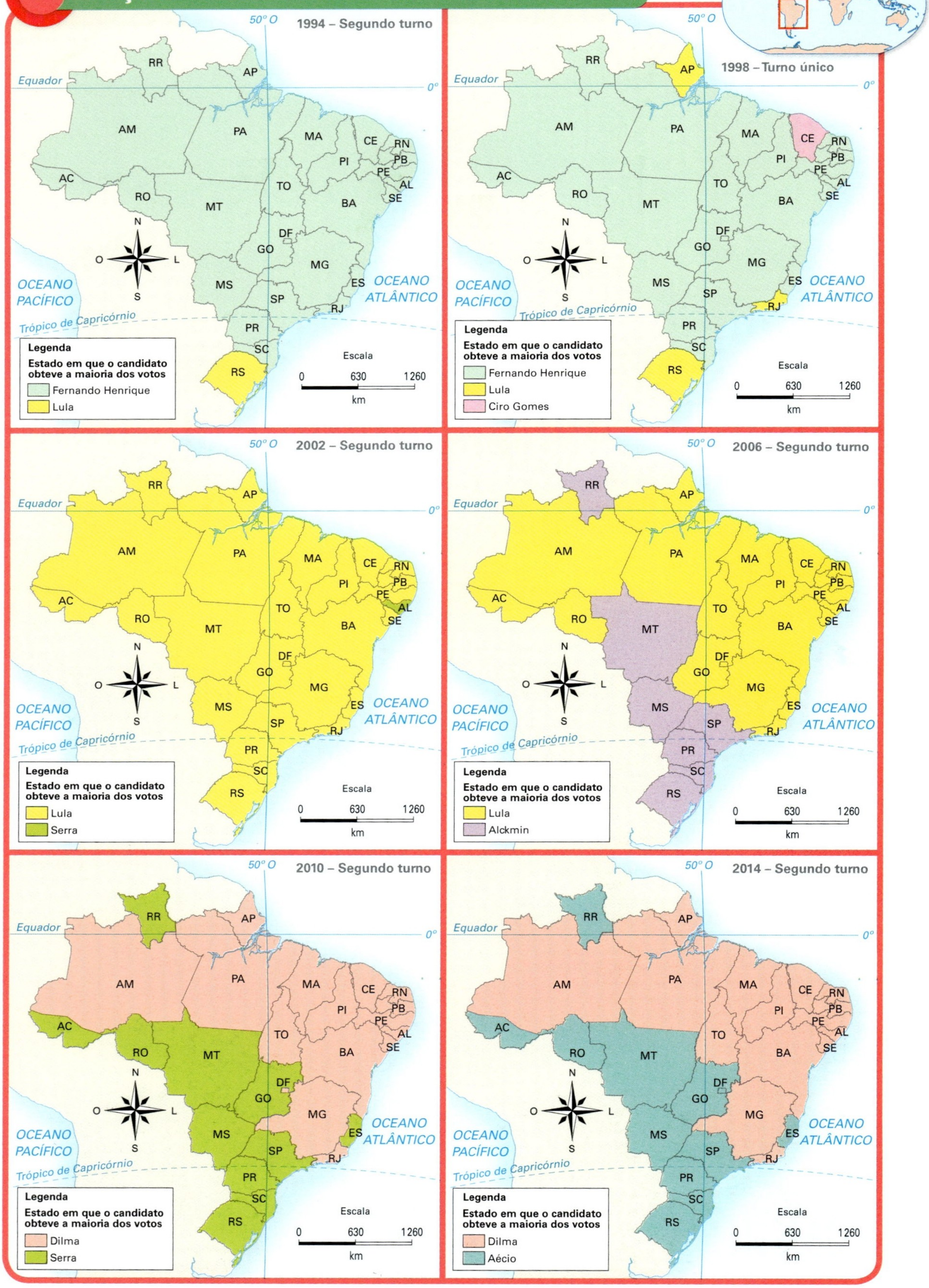

Adaptado de: **Atlas histórico geral & Brasil**. Cláudio Vicentino. São Paulo: Scipione, 2011. p. 170.

Projeto LUMIRÁ

Este é o seu livro de
História do 5º ano.

Escreva aqui o seu nome:

____

____

Este livro vai ajudar você a descobrir mais sobre o encontro entre os portugueses e os povos indígenas, a ocupação portuguesa do território brasileiro, o trabalho no Brasil colônia, a independência do Brasil e muitos acontecimentos do passado.

Mãos à obra!

CARO ALUNO

Você cresceu bastante. Está pronto para aprender mais coisas importantes e enfrentar novos desafios, como:

- ler e escrever com mais desenvoltura, compreendendo melhor diferentes palavras e textos;
- identificar e operar com números cada vez maiores, frações e decimais, e explorar figuras, medidas, tabelas e gráficos;
- compreender melhor o corpo humano, os fenômenos da natureza e a importância da conservação do ambiente.
- conhecer mais do planeta Terra e do Brasil;
- entender a história do Brasil e das pessoas que vivem em nosso país.

O **Projeto Lumirá** vai ajudá-lo com textos, atividades, jogos, ilustrações e fotografias muito interessantes. Você vai continuar aprendendo sempre mais e se divertindo com as novas descobertas.

Bom estudo!

COMO É O MEU LIVRO?

Este livro tem quatro Unidades, cada uma delas com três capítulos. No final, na seção **Para saber mais** há indicações de livros, vídeos e *sites* para complementar seu estudo.

ABERTURA DE UNIDADE

Você observa a imagem, pensa em tudo o que já conhece e troca ideias com os colegas.

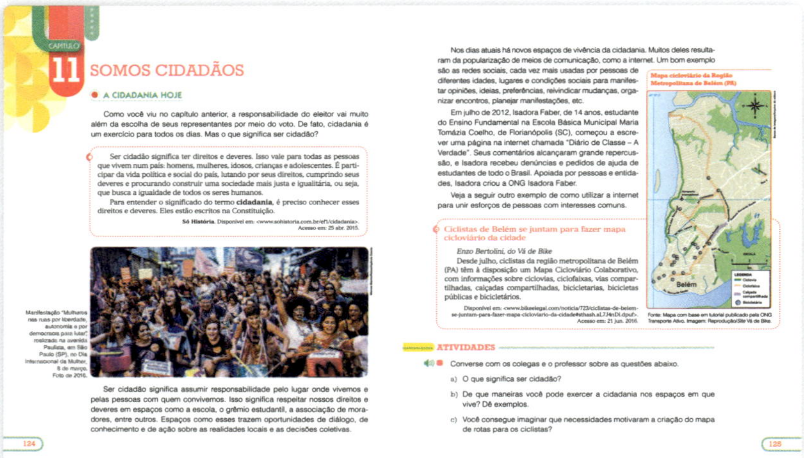

CAPÍTULOS

Textos, fotografias e mapas vão motivar você a pensar, questionar e aprender. Há atividades sobre cada tema. No final do capítulo, a seção **Atividades do capítulo** traz mais exercícios para completar seu estudo.

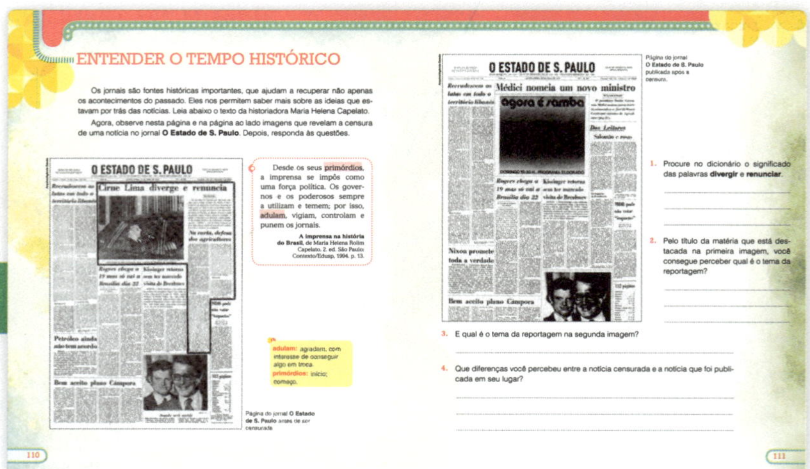

ENTENDER O TEMPO HISTÓRICO

Este é o momento de descobrir o que aconteceu no passado por meio do estudo de imagens e textos.

ÍCONE

Atividade oral

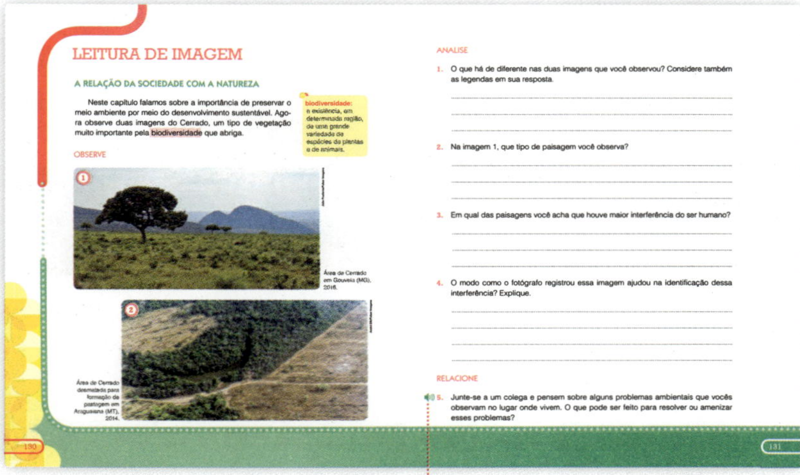

LEITURA DE IMAGEM

Nesta seção você vai trabalhar com imagens. As fotografias ajudam você a refletir sobre os temas estudados.

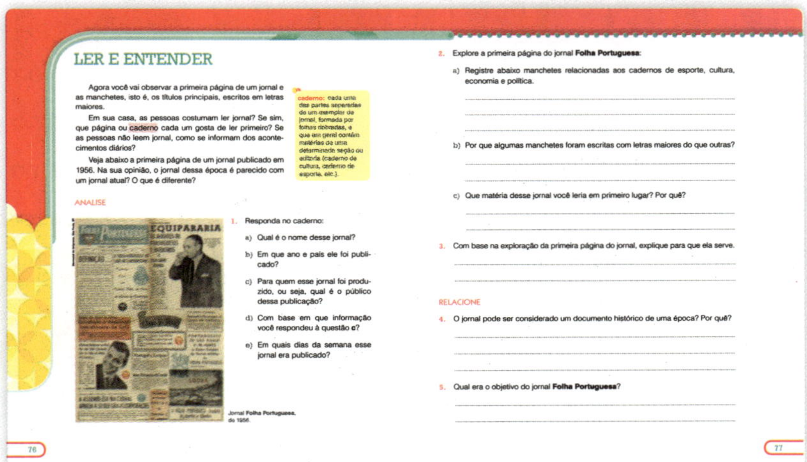

LER E ENTENDER

Aqui você vai ler diferentes textos. Um roteiro de leitura vai ajudar você a ler cada vez melhor e a relacionar o que leu aos conteúdos estudados.

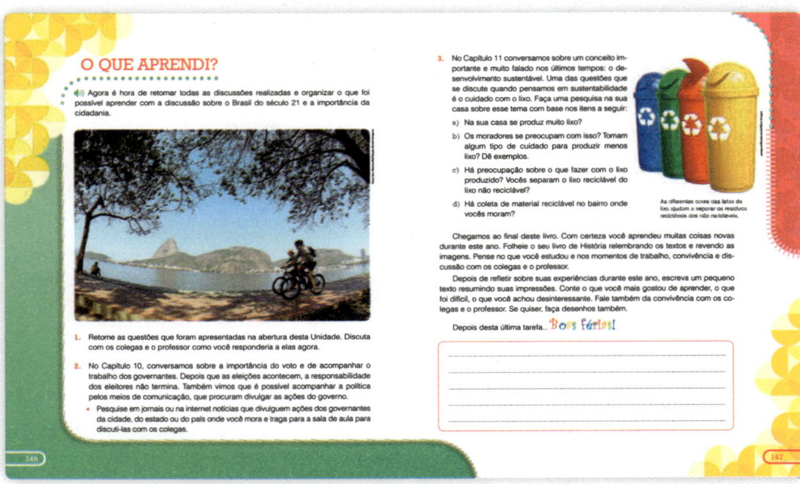

O QUE APRENDI?

Aqui você encontra atividades para pensar no que aprendeu, mostrar o que já sabe e refletir sobre o que precisa melhorar.

SUMÁRIO

Anônimo/Acervo do Instituto Moreira Salles, Rio de Janeiro, RJ

Reprodução/Coleção Sergio Fadel, Rio de Janeiro, RJ.

UNIDADE 1

UNIDADE 2

Mauricio Simonetti/Pulsar Imagens

Hans Von Manteuffel / Opção Brasil Imagens

UNIDADE 3

UNIDADE 4

UNIDADE 1

O BRASIL NO SÉCULO 19

Entrada do porto de Recife, fotografia anônima tirada por volta de 1875.

Anônimo/Acervo do Instituto Moreira Salles, Rio de Janeiro, RJ

- Esta imagem é antiga ou atual? Justifique sua resposta.
- Podemos dizer que esta imagem é um documento histórico?
- O que a foto nos diz sobre a cidade do Recife no século 19?

CAPÍTULO

1 TRABALHO E SOCIEDADE NO TEMPO DE DOM PEDRO II

MODERNIZAÇÃO E PRODUÇÃO DE RIQUEZAS

Museu Histórico Nacional, Rio de Janeiro, RJ.

Retrato de dom Pedro II – 1875, óleo sobre tela de Delfim da Câmara, 1875.

Em 1840, após o Período Regencial, dom Pedro II assumiu o trono brasileiro. Sob o seu comando, o regime monárquico ganhou firmeza e se estendeu até 1889, quando foi proclamada a República. Esse período ficou conhecido como **Segundo Reinado**.

Foi no Segundo Reinado que começaram a ser utilizadas no Brasil novas tecnologias que facilitavam as comunicações, como o telefone e a fotografia. O próprio imperador brasileiro era muito interessado nessas inovações.

A cidade do Rio de Janeiro, capital do Império, era o principal centro econômico e cultural do país e passou por muitas transformações. Já na década de 1850, algumas ruas ganharam calçamento e a cidade recebeu iluminação a gás e os primeiros bondes puxados a burro.

Durante o governo de dom Pedro II foram instaladas diversas fábricas, como as de alimentos e as tecelagens de algodão. Elas se desenvolveram nas províncias (atuais estados) de São Paulo e Rio de Janeiro. Mas o produto brasileiro mais importante vendido para outros países era o **café**. Ele era transportado das fazendas até o porto do Rio de Janeiro ou de Santos por mulas. A partir de 1860, na área de produção cafeeira de São Paulo, foram construídas ferrovias para fazer esse transporte.

O CULTIVO DO CAFÉ

O hábito de tomar café é muito antigo e começou na África (na região da Etiópia), sendo depois adotado nos países de cultura árabe. Foi por intermédio dos árabes que o café chegou à Europa.

O que tornou essa bebida especial foram suas características estimulantes. O hábito de beber café se espalhou principalmente na Europa e nos Estados Unidos, onde os trabalhadores tomavam café para diminuir o cansaço causado por muitas horas de trabalho.

The Bridgeman Art Library/Keystone

O hábito de se reunir em locais próprios para tomar café nasceu nos países de cultura árabe, como Arábia Saudita, Egito e Turquia, e se espalhou pelo mundo a partir do século 17. Esta gravura de 1819, de autoria desconhecida, reproduz o interior de um café na Inglaterra.

O aumento do consumo de café fez crescer o interesse de diversos países em adquirir e cultivar a planta.

O café chegou à América portuguesa no século 18. Primeiro ele foi cultivado em Belém, no Pará. Mas foi na atual região Sudeste que a produção de café alcançou grande desenvolvimento no século 19, primeiro no Rio de Janeiro e depois em São Paulo. Nessas províncias, o cultivo da planta encontrou condições adequadas de solo e de clima.

O desenvolvimento econômico do Sudeste está relacionado ao cultivo de café. Favorecida por essa atividade, a cidade de São Paulo, por exemplo, passou de um pequeno povoado a uma metrópole moderna em menos de cinquenta anos.

Os fazendeiros que plantavam café enriqueceram, formando um poderoso grupo, a chamada **elite cafeeira**. O crescimento das fazendas de café foi responsável pelo aumento do uso de mão de obra escravizada, pois as lavouras exigiam grande quantidade de trabalhadores.

Você sabe como uma fazenda de café era organizada? Observe a imagem abaixo e conheça algumas de suas instalações:

Museu Paulista da USP, São Paulo, SP.

Fazenda de café no Vale do Paraíba, pintura sem data de Benedito Calixto (1853-1927).

FIM DO TRÁFICO DE ESCRAVIZADOS

Como já vimos, a mão de obra escravizada africana foi adotada no Brasil desde o período colonial. Porém, no século 19, houve um grande aumento na exploração do trabalho escravo.

Veja no seu **Miniatlas** o mapa da página 7.

Entre os séculos 16 e 19, cerca de 5 milhões de africanos foram trazidos para o Brasil como escravizados. Desse total, mais de 1,5 milhão chegaram no século 19, principalmente para trabalhar nas lavouras de café no Sudeste do país.

As condições de vida dos escravizados eram desumanas. Além de cumprir uma longa e intensa jornada de trabalho, que começava antes de o sol nascer e seguia até o dia escurecer, eles sofriam várias formas de castigos corporais.

Durante a monarquia, havia opiniões diferentes em relação à escravidão. Os grandes proprietários e os traficantes de mão de obra escravizada defendiam sua manutenção. Para eles, o fim da escravidão significava prejuízo.

Muitas pessoas, porém, achavam que a escravidão deveria acabar. Entre elas, jornalistas, advogados e outros membros das camadas médias da população. Para os defensores da abolição, não era certo retirar todos os direitos de uma pessoa e obrigá-la a trabalhar sob a ameaça de castigos.

De um lado, a população livre discutia a situação da escravidão, de outro, os trabalhadores escravizados lutavam por seu direito à liberdade. E como eles faziam isso?

Muitos fugiam das fazendas e se escondiam em **quilombos**, onde viviam em comunidade, plantando roças e trabalhando para sobreviver.

Na segunda metade do século 19 ganhou força um movimento que lutava pelo fim da escravidão no Brasil. Foi o **movimento abolicionista**, do qual participaram escravizados, estudantes, jornalistas e militares, entre outros grupos. Por meio da imprensa e de manifestações públicas, os abolicionistas procuravam ganhar adeptos e pressionar o governo pelo fim da escravidão. Também criaram organizações de apoio para fuga e esconderijo dos escravizados.

Quilombo do Jabaquara, localizado em Santos, São Paulo, em foto de 1900.

Fundação Arquivo e Memória de Santos

Além de pressões internas, o governo brasileiro sofria pressões da Inglaterra para pôr fim ao trabalho escravo. Em 1845, os ingleses aprovaram uma lei que os autorizava a apreender navios que transportassem escravizados da África para países da América. Entre 1849 e 1851 os ingleses apreenderam quase 90 desses navios.

A partir de 1850, o governo brasileiro criou diversas leis que ajudaram a acabar pouco a pouco com a escravidão.

Em 13 de maio 1888, após muita pressão da sociedade e do movimento abolicionista, foi assinada a Lei Áurea, que extinguia a escravidão no Brasil. Observe a linha do tempo abaixo.

Coleção de Artes Visuais do Instituto de Estudos Brasileiros da USP, São Paulo, SP.

Capa da **Revista Illustrada** de 19 de maio de 1889, em edição comemorativa pela abolição da escravidão.

- **1850 – Lei Eusébio de Queirós**: Proibia a compra e a venda de escravizados trazidos da África para o Brasil.
- **1871 – Lei do Ventre Livre**: Tornava livres todos os filhos de escravizados nascidos a partir da data de criação da lei.
- **1885 – Lei dos Sexagenários**: Concedia liberdade aos escravizados com mais de 60 anos.
- **1888 – Lei Áurea**: Extinguiu a escravidão no Brasil após pressão da sociedade.

ATIVIDADES

1 Assinale verdadeiro (**V**) ou falso (**F**):

- ( ) Os quilombos eram uma forma de resistência dos escravizados à situação em que viviam.
- ( ) A Lei Eusébio de Queirós proibia todo o comércio de escravizados no Brasil.
- ( ) A partir de 1850, todos os filhos de escravizados nascidos no Brasil eram considerados livres.
- ( ) A escravidão foi extinta no Brasil somente em 1888, por meio da Lei Áurea.

2 Quais eram as formas de luta do movimento abolicionista? Responda no caderno.

NOVOS BRAÇOS PARA O TRABALHO: OS IMIGRANTES

Durante o século 19, o governo brasileiro promoveu a vinda de trabalhadores estrangeiros para o Brasil. Nesse período vários países da Europa enfrentavam crise econômica, o que motivou as pessoas mais pobres a buscar trabalho na América. Esse movimento de estrangeiros que chegam a outro país para morar e trabalhar é chamado de **imigração**.

Até a metade do século 19, os grupos de imigrantes eram pequenos e se dirigiam a diversas regiões do Brasil. Mas isso mudou, pois a resistência ao trabalho escravo ganhava força e a proibição ao tráfico, em 1850, tornou essa mão de obra cada vez mais cara e menos numerosa. A partir de 1871 os governos das províncias adotaram um programa que organizava a vinda de estrangeiros tanto para trabalhar nas lavouras de café quanto para ocupar regiões despovoadas.

Veja no seu **Miniatlas** o mapa da página 8.

Tal programa ficou conhecido como imigração **subvencionada**, isto é, a vinda dos imigrantes recebia ajuda financeira do governo. Esse foi um dos períodos mais ativos da imigração europeia para o Brasil.

As formas de distribuição de terras e a oferta de trabalho variaram em diversas regiões. Embora boa parte dos imigrantes viesse para trabalhar nas lavouras paulistas de café, muitos se dirigiram às cidades em crescimento ou a áreas pouco povoadas.

Foi o caso do Espírito Santo, que recebeu entre 30 mil e 50 mil imigrantes de diversas regiões da Itália, com o objetivo de povoar os espaços vazios e promover o crescimento econômico da região.

Imigrantes italianos trabalhando na colheita de trigo, em fazenda na região Sul do Brasil. Foto de data incerta, entre o fim do século 19 e o início do século 20.

Acervo Histórico Sadia

Já em São Paulo, os imigrantes não recebiam terras diretamente, mas sim salários. Além disso, podiam cultivar alimentos para consumo próprio nas fazendas onde iam trabalhar. Em geral, alimentos como sal e açúcar, além de roupas e outros artigos, só podiam ser comprados no armazém da fazenda. Com isso, muitos trabalhadores ficavam permanentemente endividados com os fazendeiros.

No Sul do Brasil, a fixação dos imigrantes ocorreu com a formação de povoados chamados de **núcleos coloniais**. A origem dos imigrantes variou em cada região.

Em Santa Catarina, as regiões das atuais Joinville, Blumenau e Chapecó receberam sobretudo famílias alemãs e italianas.

No Rio Grande do Sul, os primeiros povoados foram fundados por açorianos, descendentes de portugueses. Mais tarde, alemães e italianos ocuparam as regiões serranas gaúchas.

No final do século 19, muitos imigrantes deixaram o campo e foram para as cidades trabalhar como operários nas primeiras indústrias que surgiam.

ATIVIDADES

Observe o gráfico e responda:

Imigração para o Brasil entre 1884 e 1933 - número de pessoas

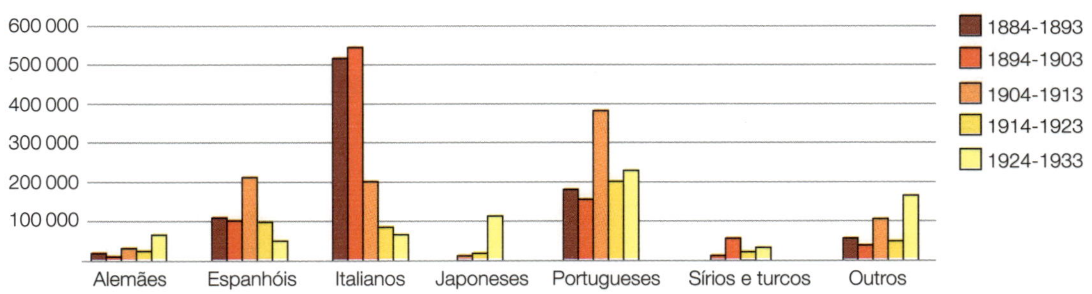

Fonte: IBGE.

a) De onde veio o maior número de imigrantes para o Brasil?

____

b) Em que período chegou o maior número de imigrantes ao Brasil?

____

c) Cite os três grupos mais numerosos que chegaram ao Brasil entre 1884 e 1893.

____

ATIVIDADES DO CAPÍTULO

1. Em seu caderno, escreva frases contendo as palavras abaixo:

a) café – Sudeste – clima – solo

b) ferrovias – porto de Santos – transporte

2. A tabela abaixo indica a quantidade de trabalhadores escravizados que chegaram ao Brasil em cada ano. Leia-a com atenção e depois responda às questões.

Ano	Quantidade de trabalhadores escravizados
1820	32700
1830	43100
1849	54000
1850	23000
1851	3300

Adaptado de: **História do Brasil**, de Boris Fausto. São Paulo: Edusp, 2012.

a) Em que ano chegaram mais trabalhadores escravizados ao Brasil? Onde eles costumavam trabalhar nesse período?

____

____

____

b) Em que ano chegaram menos trabalhadores escravizados ao Brasil? Por que isso aconteceu?

____

____

____

____

3. Leia o texto a seguir sobre a Estrada de Ferro Príncipe do Grão-Pará e depois responda às questões no caderno.

É fim do século 19, dom Pedro II está em Magé – município da Baixada Fluminense que fica à beira da baía de Guanabara – e embarca em um trem rumo a Petrópolis. Em menos de uma hora o imperador vai passar pela mata Atlântica e chegar ao seu destino. A linha que o monarca usava para subir a serra em 1883 não existe mais. Desativada em 1964, a Estrada de Ferro Príncipe do Grão-Pará foi um símbolo de modernidade no Império.

Agora, quase 50 anos após sua desativação [2012], a ferrovia está perto de voltar a transportar passageiros. O governo do estado do Rio de Janeiro e as prefeituras de Petrópolis e Magé assinaram um acordo para reativar a estrada de ferro, que vai de Raiz da Serra, em Magé, até a Cidade Imperial, um trecho de seis quilômetros. [...] Antonio Pastori, presidente da Associação Fluminense de Preservação Ferroviária, está animado com a chance de ver Petrópolis novamente conectada ao Rio de Janeiro pelos trilhos. Apesar da opção inicial do governo de usar composições turísticas, o pesquisador acredita que a demanda vai forçar a criação de um serviço regular de passageiros. [...]

Instituto Moreira Salles

Construção da Estrada de Ferro Príncipe do Grão-Pará, c. 1882, em fotografia de Marc Ferrez.

Carlos Gabriel Guimarães, professor de História da Universidade Federal Fluminense (UFF), lembra que a ligação entre Petrópolis e o Rio de Janeiro foi muito importante para o transporte de pessoas e mercadorias no século 19. "É bom lembrar que nessa região de Serra Acima foram cultivados tanto produtos de subsistência quanto café, porque você chega ao Vale do Rio Paraíba", conta. [...]

Nos trilhos do imperador, de Mauro de Bias. **Revista de História da Biblioteca Nacional**. Disponível em: <www.revistadehistoria.com.br/secao/em-dia/nos-trilhos-do-imperador>. Acesso em: 18 mar. 2016.

a) Que pontos eram ligados pela Estrada de Ferro Príncipe do Grão-Pará?

b) O que era transportado pelos trens dessa ferrovia no século 19?

c) O texto diz que a ferrovia será reativada para transportar passageiros. Discuta com os colegas se o transporte de trem ou metrô é mais rápido do que o de ônibus ou carro. Por quê?

CAPÍTULO

2 COMO VIVIAM OS BRASILEIROS NO SÉCULO 19

A LITERATURA: UM OLHAR SOBRE A SOCIEDADE

Museu Histórico Nacional, RJ.

José de Alencar, óleo sobre fotografia de Alberto Henschel & Co, Rio de Janeiro (RJ).

Você sabia que muito do que conhecemos hoje sobre o Brasil do século 19 se deve às pesquisas dos historiadores? Em seus estudos, eles utilizam diversas fontes históricas. Entre essas fontes estão a literatura e a fotografia.

No Brasil daquela época, a leitura não era um hábito, porque poucas pessoas eram alfabetizadas. Em 1872, cerca de 80% da população não sabia ler nem escrever. Apenas 12 mil pessoas iam à escola. Era um número muito baixo, já que o país possuía quase 10 milhões de habitantes. Ainda assim, muitos livros foram publicados e grandes escritores se tornaram conhecidos.

Nas primeiras décadas do Segundo Reinado, ganhou presença na literatura uma geração de jovens autores brasileiros que pertencia ao movimento chamado **Romantismo**. Você já ouviu essa palavra? É provável que você a relacione ao amor. Os escritores do Romantismo davam mesmo grande importância ao amor, mas valorizavam também a pátria, a natureza, a religião, o povo e o passado do país.

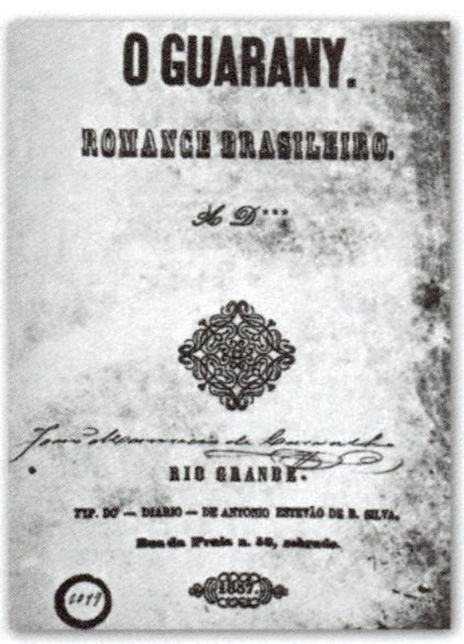
O GUARANY.

ROMANCE BRASILEIRO.

RIO GRANDE.

Reprodução/Acervo da editora

Frontispício da 1ª edição do livro **O guarani**, de José de Alencar.

O escritor mais destacado do Romantismo brasileiro foi José de Alencar. Em seus romances ele valorizou o indígena e o sertanejo, que considerava muito importantes na formação da sociedade brasileira. Em seu livro mais famoso, **O Guarani**, publicado em 1857, José de Alencar narra o romance entre dois personagens de culturas distintas: Ceci, a filha de um colonizador, e Peri, um indígena. A história se passa no século 17, durante a colonização.

Livros com fundo histórico, como **O Guarani**, são considerados documentos não da época que retratam, mas da época em que foram escritos. Ao ler tal obra de José de Alencar, por exemplo, podemos perceber como as pessoas no século 19 viam ou idealizavam a história da colonização e dos povos indígenas no século 17.

Além de romances com fundo histórico, muitos livros do século 19 retratam a sociedade da época e ajudam os historiadores a conhecer como as pessoas se relacionavam, o que elas valorizavam e como era seu modo de vida. Um exemplo é o livro **Memórias de um sargento de milícias**, de Manuel Antônio de Almeida, publicado em 1854. Esse livro conta a história do personagem Leonardo, que é adotado por um padrinho de quem passa a depender. Por meio dessa história podemos saber, hoje em dia, como era, no século 19, a vida de muitas pessoas brancas e pobres que dependiam dos mais ricos para sobreviver.

Memórias de um sargento de milícias foi publicado primeiro em folhetim, isto é, em um jornal, um trecho a cada dia. Para saber a continuação da história, o leitor precisava comprar o jornal do dia seguinte. Essa forma de publicação era muito comum na época.

Outro autor que publicou em folhetim foi Machado de Assis, um dos principais escritores brasileiros. Ele escreveu romances que se tornaram clássicos da literatura, como **Memórias póstumas de Brás Cubas**, publicado em folhetim em 1880, e **Dom Casmurro**, publicado diretamente como livro em 1900.

Acervo Instituto Moreira Salles

Retrato de Machado de Assis feito por Marc Ferrez em cerca de 1890.

A obra de Machado de Assis caracteriza a transição do Romantismo para outra escola literária, o **Realismo**. Ao contrário do Romantismo, o Realismo não exaltava o passado, mas valorizava a vida cotidiana do presente. Ao focalizar personagens e situações do dia a dia da cidade, os livros de Machado de Assis nos permitem conhecer os costumes da classe média e da elite da época.

Várias obras literárias da época do Romantismo e do Realismo foram adaptadas para o público jovem. Isso porque a linguagem utilizada nessas obras pode ser difícil de entender para os leitores de hoje. A língua está sempre mudando, muitas palavras e expressões que eram comuns no século 19 são pouco usadas hoje. Algumas dessas obras foram transformadas em histórias em quadrinhos. Nesse caso, os desenhos e os diálogos ajudam a entender o cotidiano do século 19, os costumes, as roupas e os cenários daquele tempo.

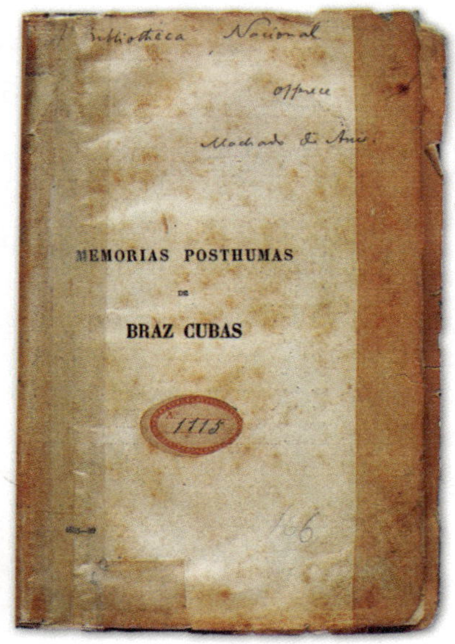

Reprodução/Acervo da editora

Memórias Póstumas de Brás Cubas, de Machado de Assis. Volume de 1881, dedicado pelo autor à Biblioteca Nacional.

ATIVIDADES

1 Você já leu alguma história que se passava em uma época diferente da atual? Se leu, qual era o título do livro?

____

2 Em que época a história se passava? No passado ou no futuro?

____

- Conte aos colegas e ao professor um pouco da história que você leu. Fale também das suas impressões sobre a época em que a história se passava.

A FOTOGRAFIA: ESPELHO DA POPULAÇÃO

Outra fonte para entender o Brasil no século 19 é a fotografia. Hoje em dia tirar fotos é tão comum que qualquer pessoa pode fazer isso a qualquer momento, simplesmente usando um aparelho celular. No século 19, era bem diferente.

Um dos primeiros processos fotográficos, batizado de *photographie*, foi inventado em 1833 pelo francês Hercule Florence (1804-1879), que na época residia na Vila de São Carlos (atual Campinas, SP). Em 1876 ele recebeu a visita do imperador dom Pedro II, interessado em seu talento artístico e em suas invenções.

O primeiro aparelho de fotografia, chamado daguerreótipo em homenagem a seu inventor, o francês Louis Daguerre (1787-1851), chegou ao Brasil em 1840. Dom Pedro II, que na época tinha 14 anos, ficou tão animado que comprou um desses aparelhos.

Com o aperfeiçoamento da técnica, muitos fotógrafos estrangeiros e brasileiros retrataram paisagens, costumes, cenas e tipos humanos do Brasil durante o século 19. Essas imagens colaboraram para construir uma representação expressiva do país naquele período. Conheça a seguir algumas dessas imagens e um pouco da vida de seus autores.

Japurá, fotografia (1867) de Albert Frisch. **Albert Frisch** (1840-c.1905), nascido em Augsburgo, na Baviera (Alemanha), foi atuante no Brasil na década de 1860. Em 1867 ele realizou uma série de 98 fotografias na Amazônia. Além de aspectos de fauna e flora, essas imagens incluem os primeiros registros que chegaram até nós de indígenas brasileiros da região.

Albert Frisch/Coleção Gilberto Ferrez/Acervo Instituto Moreira Salles, Rio de Janeiro, RJ.

Canal e Alfândega, porto da cidade do Rio de Janeiro, fotografia de Georges Leuzinger, c. 1866. O suíço **Georges Leuzinger** (1813-1892) chegou ao Rio de Janeiro em 1832. Na década de 1860 realizou importante trabalho de documentação fotográfica do Rio de Janeiro. Como empresário, montou na capital do Império um complexo editorial que incluía papelaria, tipografia, estamparia de livros e gravuras, oficinas de litografia, encadernação e fotografia.

Ponte Velha do Recife (substituída em 1865 pela ponte metálica Sete de Setembro), fotografia de Auguste Stahl. Província de Pernambuco, 1858. A partir de 1853, o francês **Auguste Stahl** (1828-1877) documentou a paisagem urbana de Pernambuco. No começo da década de 1860, abriu um estúdio na rua do Ouvidor, no Rio de Janeiro. Em 1868, documentou a construção da segunda estrada de ferro brasileira, a Recife and S. Francisco Railway, bem como a visita de dom Pedro II a Recife, no ano seguinte.

Militão Augusto de Azevedo/Arquivo Histórico de São Paulo, SP.

Rua Direita, sentido Largo da Sé, em 1862. Fotografia de Militão Augusto de Azevedo tirada na cidade de São Paulo. O carioca **Militão Augusto de Azevedo** (1837-1905) deixou um legado único de documentação da cidade de São Paulo entre os anos de 1860 e 1880, quando ainda eram raros os registros urbanos no Brasil.

Coleção Gilberto Ferrez/Acervo Instituto Moreira Salles.

Quitandeiras, fotografia de Marc Ferrez, Rio de Janeiro (RJ), c. 1875. Principal fotógrafo brasileiro do século 19, dono de uma obra que se equipara à dos maiores nomes da fotografia em todo o mundo, **Marc Ferrez** teve seu acervo preservado por seu neto, o pesquisador Gilberto Ferrez.

Guilherme Gaensly/Coleção particular, Salvador, BA.

Nessa fotografia de Guilherme Gaensly, tirada na cidade de Salvador por volta de 1870, vê-se, no alto, a Igreja dos Aflitos; abaixo, trecho da Ladeira da Gamboa; à esquerda, o Solar do Unhão. A tomada da foto foi feita do Passeio Público. O suíço **Guilherme Gaensly** (1843-1928) mudou-se com a família para Salvador, Bahia, aos 5 anos de idade. Em 1871, após um período de aprendizado no ateliê de Alberto Henschel, o principal retratista da Bahia, abriu seu próprio estúdio fotográfico em Salvador, onde atuou até 1895 e cultivou principalmente o retrato e a fotografia de paisagens.

Christiano Júnior/Museu Imperial, Petrópolis, RJ.

Escrava vendedora de frutas, c. 1865. Fotografia de José Christiano Júnior, Rio de Janeiro (RJ). O açoriano **José Christiano de Freitas Henriques Júnior** (1832-1902) imigrou para o Brasil em 1855 e fixou-se em Maceió (AL), onde estabeleceu-se como fotógrafo. No início da década de 1860, transferiu-se para o Rio de Janeiro (RJ). Entre 1866 e 1875, como sócio da firma Christiano Jr. & Pacheco, retratou pessoas de origem africana, escravizadas ou libertas, dando destaque para as características faciais ou simulando suas atividades profissionais em estúdio.

ATIVIDADES

Observe as imagens acima e as das páginas 22 a 24 e discuta com os colegas:

a) O que você vê em cada fotografia?

b) Qual das fotografias mais chamou a sua atenção? Por quê?

c) Observando essas fotos, você consegue ter uma ideia de como eram alguns lugares do Brasil no século 19? Explique.

A VIDA NA CAPITAL DO IMPÉRIO

A cidade do Rio de Janeiro era o centro do Império. Por isso, o cotidiano de seus moradores foi registrado em notícias de jornais, obras literárias, pinturas, charges e fotografias. Essas imagens percorriam o país e também seguiam para o exterior.

Esses registros visuais e escritos nos ajudam a entender a vida da cidade. Por meio deles pode-se observar que o dia a dia da população pobre era bem distinto do da camada mais rica. As pessoas da classe dominante eram muito influenciadas pelos costumes dos países europeus, principalmente França e Inglaterra. Você sabe apontar algum exemplo dessa influência?

Um exemplo bem visível da influência europeia era o vestuário dos membros da elite. Eles usavam peças de roupa, joias e acessórios europeus que passaram a chegar à cidade depois da abertura dos portos em 1808.

Os homens frequentavam as lojas da rua Direita ou da rua da Alfândega para comprar artigos masculinos como meias e lenços de seda, luvas, casacas, chapéus, gravatas, bengalas e jaquetas.

As mulheres encontravam roupas e acessórios importados na rua do Ouvidor, onde diversas lojas vendiam tecidos, luvas, lenços, chapéus, perfumes e cosméticos, cada vez mais usados pelas senhoras elegantes.

O vestuário distinguia as camadas mais ricas do restante da população. O cuidado com a aparência era ainda maior em locais públicos como confeitarias, sorveterias e teatros.

Ao longo do século 19 a elite da cidade passou a valorizar mais os momentos de distração e divertimento após o trabalho. Os jovens aproveitavam os cafés e as livrarias, pontos de encontro em que se discutia desde literatura até política.

Marc Ferrez/Coleção Gilberto Ferrez/Acervo Instituto Moreira Salles, Rio de Janeiro, RJ.

Rio de Janeiro: rua Primeiro de Março (c. 1890), fotografia de Marc Ferrez. Vemos o prédio dos Correios, seguido do prédio da Bolsa de Valores, recém-inaugurado na época.

Embora as pessoas mais ricas tivessem condições de comprar artigos de luxo e imitar o modo de vida europeu, a maior parte da população da capital do Império vivia na pobreza.

A cidade apresentava problemas que vinham do período colonial, como a falta de rede de esgotos. Ainda se costumava usar escravizados para jogar no mar os dejetos das moradias. Não havia sistema de limpeza das ruas e no verão o mau cheiro tomava conta da cidade. Quem mais sentia os efeitos da sujeira da cidade era a população pobre.

Biblioteca Nacional, Rio de Janeiro, RJ.

A imundície das ruas da cidade do Rio de Janeiro incomodava os pedestres e causava epidemias. Ilustração publicada no jornal **O Arlequim**, em 1867, no Rio de Janeiro (RJ).

ATIVIDADES

- Observe a imagem acima e responda:

  a) Que problema da cidade do Rio de Janeiro é representado na ilustração?

  ____

  b) Como esse problema pode afetar o dia a dia dos cidadãos?

  ____

  ____

  ____

  ____

  c) A cidade onde você vive tem problemas de limpeza pública? Comente.

FESTAS E DANÇAS

Festas e comemorações fazem parte do nosso dia a dia. Podem acontecer em espaços públicos ou privados. Organizamos festas para comemorar aniversários, formaturas, casamentos e reuniões familiares. Ou simplesmente para encontrar amigos, ouvir música e dançar, por exemplo. Grandes festas, como o Carnaval ou as festas juninas, são comemoradas em lugares públicos e, às vezes, no país inteiro. Você costuma ir a muitas festas?

Museu Histórico Nacional, Rio de Janeiro, RJ.

Sagração de dom Pedro II, óleo sobre tela de Manuel de Araújo Porto-Alegre, década de 1840. A obra, um grande painel que retrata cerca de 160 pessoas, não chegou a ser terminada. A imagem reproduz o estudo final feito pelo artista.

No Brasil, as festas públicas ganharam incentivo depois da chegada da Corte portuguesa, em 1808. Entre elas havia festas religiosas e festas cívicas, que celebravam acontecimentos políticos, como a coroação do imperador.

As festas cívicas em geral aconteciam no Campo de Santana ou no largo do Paço (atual praça Quinze de Novembro) e quase sempre começavam com um desfile militar.

Várias festas religiosas e populares também aconteciam em igrejas, nas ruas e praças públicas. Um exemplo é a Festa do Divino, uma das mais tradicionais festividades do país, ainda hoje presente em quase todos os estados. Trazida pelos portugueses, a Festa do Divino é celebrada sete semanas depois do domingo de Páscoa. Combina diferentes manifestações, como missas, procissões, brincadeiras de rua e teatro. No Rio de Janeiro do século 19 os fiéis seguiam em procissão até o Campo de Santana.

Outra festa de rua era o Carnaval, e durante os três dias dessa celebração a população se divertia com o entrudo, brincadeira que consistia em lançar uns aos outros água, farinha ou limões de cera cheios de água de cheiro.

água de cheiro: água perfumada, espécie de água-de-colônia.

A brincadeira acontecia tanto nos salões como nas ruas de várias cidades. Mas muitas pessoas reclamavam de foliões que atiravam água de chafarizes, café, groselha, tinta e até mesmo lama, o que provocava brigas e conflitos nas ruas. O entrudo passou a sofrer repressão policial, até que em 1840 foi proibido. Foi substituído pelas batalhas de confete, pelos cordões de rua e pelos bailes de mascarados.

Outra festa de rua que reunia muitas pessoas era o batuque, um baile popular ao som do bandolim e de instrumentos de percussão. A música do batuque vinha dos cantos de trabalho dos escravizados. Essa música influenciou o lundu, uma dança brasileira que combinou o batuque dos africanos com ritmos portugueses.

Na segunda metade do século 19, o batuque e o lundu passaram a ser dançados também em bailes das pessoas ricas. Nas primeiras décadas do século 20 essas e outras danças e ritmos populares de origem afro-brasileira influenciariam a criação do samba.

Biblioteca Nacional, Rio de Janeiro, RJ.

A dança do lundu, desenho de Johann Moritz Rugendas, publicado em 1835. Assim como outras danças do período, o lundu reunia pessoas de origens diferentes. Observe no canto direito da imagem a presença do bandolim, de origem europeia.

ATIVIDADES

Leia o texto a seguir e depois responda às questões no caderno.

> Era no tempo em que o carnaval se chamava entrudo, o tempo em que em vez das máscaras brilhavam os limões de cheiro, as caçarolas de água, os banhos e várias graças que foram substituídas por outras, não sei se melhores se piores.
>
> Um dia de entrudo, de Machado de Assis. **Jornal das Famílias**. Rio de Janeiro: Garnier, jun. 1874 a ago. 1874. Disponível em: <machado.mec.gov.br/images/stories/pdf/contos/macn049.pdf>. Acesso em: 7 abr. 2016.

a) O texto acima foi extraído de um conto de Machado de Assis. Ele pode ser considerado uma fonte para o estudo da época em que o autor viveu? Justifique sua resposta.

b) De acordo com o texto e com as informações do capítulo, como era o entrudo e quais eram as suas "graças"?

c) Por que a brincadeira do entrudo foi reprimida?

d) As "graças" do entrudo foram substituídas por quais outras?

e) Quais são as principais atrações do Carnaval no lugar onde você vive?

ATIVIDADES DO CAPÍTULO

1. Como vimos neste capítulo, ao longo do século 19 a literatura brasileira foi influenciada por dois importantes movimentos. Quais foram esses movimentos?

2. Qual foi o principal escritor do Romantismo brasileiro? Comente as principais características de seus livros e pesquise alguns dados da biografia desse autor.

3. Como vimos no capítulo, muito se registrou em notícias e em fotografias a cidade do Rio de Janeiro. Veja abaixo um texto do jornalista alemão Von Koseritz, que passou pela capital do Império em 1863:

> Sentimos aqui o pulsar da vida do Império – aqui encontramos o ponto central e mais importante dele [...] vê-se diariamente na rua do Ouvidor os homens que governam o país e conduzem a opinião pública.
>
> **História da Vida Privada no Brasil**, de Von Koseritz. São Paulo: Companhia das Letras, 1997. v. 2. p. 185.

Após ler o texto, responda:

a) Por que no texto o jornalista diz que sente o "pulsar da vida do Império" no Rio de Janeiro?

b) A rua do Ouvidor era ponto de encontro. O que havia na rua do Ouvidor que interessava à elite da época?

4. Veja a charge abaixo:

Biblioteca Nacional, Rio de Janeiro, RJ.

EFFEITOS DOS *BONDS*

Dêsde que temos *bonds* nas ruas da cidade, a minha casa está totalmente transtornada! O Antonico quer ouvir os apitos, a Anninha e a Clara gostam dos carros novos, e minha mulher, não sei que diabo lhe deu, parece gostar dos... dos animaes! Emfim as janellas estão sempre cheias e a cozinha sempre vazia.

Charge publicada no jornal **A Semana Illustrada**, edição 695, em 1874.

A charge foi publicada no periódico **A Semana Illustrada**, em 1874. É possível ver que há uma novidade na cidade que chama a atenção da família.

a) Qual é essa novidade?

____

b) Como as pessoas representadas na charge reagem à novidade?

____

____

c) No texto da charge há um narrador que reclama de uma situação que passou a acontecer em sua casa após a chegada dessa novidade. Que situação é essa?

____

____

____

CAPÍTULO

3 O FIM DA MONARQUIA

GUERRA DO PARAGUAI

Durante o Segundo Reinado, o Brasil se envolveu em um conflito internacional contra o Paraguai. A **Guerra do Paraguai** começou em 1864 e teve de um lado o Brasil, a Argentina e o Uruguai e de outro o Paraguai. Qual teria sido o motivo de uma guerra entre esses países?

Esse conflito resultou de disputas de terras nas fronteiras entre Brasil, Uruguai, Argentina e Paraguai. Mas existem diferentes explicações para as causas dessa guerra.

Alguns historiadores defendem que a guerra teria começado pelas ambições do presidente paraguaio Solano López. O presidente teria intenções de fazer do Paraguai uma grande potência militar na América do Sul e por isso investiu na guerra.

Outros historiadores apontam que a guerra começou pelas disputas entre Brasil e Paraguai pelo controle dos rios Paraná, Paraguai e Uruguai, que eram importantes para garantir o transporte de produtos para o comércio com outros países.

Mas todos concordam que a guerra começou após a invasão dos territórios brasileiro (Mato Grosso) e argentino (Corrientes), em 1864, pelo Paraguai. A partir desse acontecimento, Brasil, Argentina e Uruguai assinaram o Tratado da Tríplice Aliança e passaram a lutar juntos contra o presidente paraguaio.

Representação da partida dos voluntários que atenderam ao apelo do governo imperial para lutar pelo país na guerra contra o Paraguai. Caricatura de Angelo Agostini, de 1865.

Biblioteca Nacional, Rio de Janeiro, RJ.

E quem eram as pessoas que foram lutar na guerra? Todas pertenciam ao Exército?

No início do conflito, ainda em 1865, o Exército brasileiro sofria com a falta de soldados. Assim, para ajudar a suprir a falta de combatentes, foi formado um grupo de voluntários conhecidos como Voluntários da Pátria.

Veja no seu **Miniatlas** o mapa da página 9.

O longo tempo de duração do conflito desanimou a entrada de novos soldados. Dessa forma, o governo começou a usar o alistamento forçado de homens para a guerra.

Os escravizados também participaram da Guerra do Paraguai. Muitos deles foram enviados contra sua vontade ao campo de batalha. Para eles era feita a promessa de liberdade após o fim do confronto.

A guerra terminou em 1870, com a derrota do Paraguai. O país perdeu territórios para os vencedores e muitas pessoas morreram durante as batalhas.

Apesar de ser vencedor, o Brasil também teve muitas perdas por causa dos combates. Além das mortes, a guerra causou prejuízos, obrigando o governo a fazer empréstimos com outros países. Esse foi um dos motivos que colaboraram para o fim da monarquia no Brasil.

Países da Tríplice Aliança

Fonte: **ATLAS histórico escolar**. 8. ed. Rio de Janeiro: Fename, 1986. p. 40-41.

ATIVIDADES

- Leia as alternativas a seguir e, depois, as relacione com os itens correspondentes.

  a) Região em disputa durante a Guerra do Paraguai.

  b) Países que lutaram contra o Paraguai.

  c) Grupo de voluntários que lutou na Guerra do Paraguai.

  d) Grupo enviado contra a vontade para lutar na guerra.

  ☐ Voluntários da Pátria.

  ☐ Escravizados.

  ☐ Rios Paraná, Paraguai e Uruguai.

  ☐ Brasil, Uruguai e Argentina.

AS IDEIAS REPUBLICANAS

Os ideais republicanos no Brasil existiram de fato antes da independência do país. Mas o que significa um país ser uma república?

Hoje, entendemos que república é uma forma de governo na qual o chefe do Estado, chamado de presidente, é eleito pelos cidadãos ou seus representantes. A eleição do presidente da república é normalmente realizada por meio do voto livre e secreto.

Mas não foi sempre assim. O significado de república que conhecemos hoje foi desenvolvido ao longo do tempo. Durante o período colonial até o século 19, a ideia de república não pretendia discutir os direitos dos cidadãos. Também não queria discutir a questão da escravidão. Para você ter ideia de como as coisas mudaram, hoje, por exemplo, um país republicano não aceitaria o trabalho escravo em seu território.

Você deve estar se perguntando: as ideias republicanas não iam contra a monarquia e, logo, contra o imperador dom Pedro II? A discussão dessas ideias era permitida no período imperial?

A discussão era possível por causa do respeito de dom Pedro II à liberdade de imprensa. Isso permitia que as pessoas criticassem seu governo.

A República foi um jornal que circulou no Rio de Janeiro entre os anos de 1870 e 1874 e defendia as ideias republicanas.

A REPUBLICA

Biblioteca Nacional, Rio de Janeiro, RJ.

No Brasil, o **movimento republicano** era defendido por grupos que possuíam visões diferentes sobre a ideia de república.

Vamos ver quais eram esses grupos e o que cada um deles queria:

A CLASSE INTERMEDIÁRIA DAS GRANDES CIDADES

Advogados, jornalistas e outros profissionais das cidades passaram a defender a mudança na forma de governo. Queriam maior participação dos cidadãos na política. Esse grupo ainda defendia o fim do regime escravista no Brasil.

A ELITE CAFEEIRA DE SÃO PAULO

Como já vimos, o desenvolvimento do café foi responsável pelo aparecimento de uma nova elite em São Paulo: os barões do café. Parte dessa elite passou a defender ideias republicanas, mas era contra o fim da escravidão. Em 1873, os paulistas fundaram o Partido Republicano Paulista, importante na oposição ao imperador.

Após a guerra do Paraguai, o Exército brasileiro foi prestigiado pela sociedade, mas não ganhou a força política que desejava.

Grande parcela dos militares defendia uma ordenação na política brasileira. Valorizava inovações técnicas e as indústrias para o desenvolvimento da sociedade brasileira.

Museu Republicano, Itu, SP.

Convenção de Itu, pintura de Jonas de Barros, de 1923. A fundação do Partido Republicano Paulista deu início à campanha republicana em São Paulo.

ATIVIDADES

- Discuta com os seus colegas e responda às questões abaixo:

a) Como é feita a eleição do presidente da República?

____

____

____

b) Você já acompanhou alguém da sua família para votar em uma eleição? Conte como foi sua experiência.

____

____

A CRISE DA MONARQUIA

Ao fim da Guerra do Paraguai, o imperador passou a sofrer cada vez mais críticas de vários setores da imprensa. As charges ridicularizavam os interesses intelectuais do imperador, como filosofia, poesia e ciência. Segundo as críticas, esses conhecimentos não eram úteis para lidar com os problemas do Brasil. Veja uma dessas charges abaixo.

Caricatura de dom Pedro II, de Angelo Agostini, publicada na **Revista Illustrada** de 5 de fevereiro de 1887. Texto da caricatura: *El Rey, nosso senhor e amo, dorme o sonno da... indiferença. Os jornaes, que diariamente trazem os desmandos desta situação, parecem produzir em S.M. o efeito de um narcótico. Bem aventurado Senhor! Para Vós o reino do céo e para o nosso povo... o do inferno!*

Essa é uma das charges mais conhecidas de Angelo Agostini, um dos maiores críticos de dom Pedro II. Devido à sua falta de interesse por assuntos políticos, o imperador foi visto algumas vezes dormindo em reuniões de governo.

Um dos principais grupos descontentes com o governo era o dos grandes produtores de café. Eles se sentiram prejudicados pela abolição da escravidão. Após a assinatura da Lei Áurea, os grandes fazendeiros e proprietários de terra tiraram o seu apoio à monarquia. Esse grupo passou a defender a república.

Outro grupo insatisfeito era o dos militares do Exército. Desde o fim da Guerra do Paraguai, eles buscavam ter mais influência nas decisões políticas do Império.

E foram os militares que conduziram a proclamação da República.

O movimento foi liderado pelo marechal Deodoro da Fonseca, importante militar que havia se destacado na Guerra do Paraguai.

O motivo da ação teria sido uma disputa entre pessoas que apoiavam o marechal e seus opositores. Os dois grupos queriam ocupar o governo do Rio Grande do Sul. Desagradando o grupo ligado ao marechal, dom Pedro II teria nomeado um opositor para o cargo.

Assim, em 15 de novembro de 1889, foi proclamada a República no Brasil.

Acervo Iconographia/Reminiscências.

Marechal Deodoro da Fonseca, em foto de data desconhecida.

Pinacoteca Municipal de São Paulo, São Paulo, SP.

Proclamação da República, pintura de Benedito Calixto de 1893.

ATIVIDADES

- Esta cena foi retratada por Benedito Calixto, que imaginou como teria sido o momento da proclamação da República. Observe a imagem e responda:

  a) Quais grupos estão presentes nesse ato?

  ____

  ____

  b) É possível identificar a presença de algum personagem que represente o cidadão comum?

  ____

  ____

ATIVIDADES DO CAPÍTULO

1. Corrija as frases abaixo, reescrevendo-as corretamente.

   a) No início do conflito com o Paraguai, devido à ausência de um sentimento patriótico, ninguém se alistou para lutar na guerra.

   ____

   ____

   b) O curto tempo do conflito incentivou a adesão de novos soldados, que iam para a guerra por vontade própria.

   ____

   ____

   c) Os escravizados tiveram pouca participação na Guerra do Paraguai.

   ____

   ____

   d) O Brasil saiu derrotado do conflito, e o Paraguai, vitorioso, quase não teve mortes entre seus soldados.

   ____

   ____

2. Qual é a diferença entre os sistemas de governo monarquia e república? Explique com suas palavras em seu caderno.

3. Quais eram os três principais grupos que se opunham ao imperador e quais eram as suas críticas?

   ____

   ____

   ____

   ____

4. Observe a charge ao lado:

a) Ao analisar a imagem, é possível destacar um personagem montado em um cavalo, que foi importante para a proclamação da República. Quem é esse personagem?

____

____

b) A frase abaixo da imagem diz: Glória à Pátria! Honra aos heróis do dia 15 de novembro de 1889. O que aconteceu no dia 15 de novembro?

____

____

____

____

c) Repare na cena à frente: um homem de joelhos entrega a coroa, símbolo do poder da monarquia, para a mulher que representa a República. Com base na cena, você considera que o autor é a favor ou contra a proclamação da República? Por quê?

Biblioteca Nacional, Rio de Janeiro, RJ.

Charge de Pereira Neto sobre a proclamação da República no Brasil, publicada na **Revista Illustrada**, em 16 de novembro de 1889.

____

____

____

____

ENTENDER O TEMPO HISTÓRICO

O Brasil foi o último país da América Latina a abolir o trabalho escravo. Por isso, a assinatura da Lei Áurea teve repercussão internacional, como mostra a charge abaixo, publicada em um jornal argentino.

Biblioteca Nacional, Rio de Janeiro, RJ.

13 de maio de 1888, charge publicada em uma página do jornal **El Mosquito**, de Buenos Aires. Coleção de George Ermakoff.

Coleção de George Ermakoff

Comemoração no paço Imperial da assinatura do decreto da abolição da escravidão, em 1888.

1. Observe a charge da página ao lado e responda em dupla:

a) Quem o personagem à esquerda da imagem representa?

____

b) E quem está ao centro? ______________________________

c) O que representa a mulher com uma tocha na mão?

____

d) Quem é a mulher em destaque, que está acima dos outros personagens? Por que ela ganhou esse destaque?

____

____

e) Podemos dizer que a abolição da escravidão foi o resultado da vontade de apenas uma pessoa?

____

____

2. Agora preste atenção na fotografia acima e responda:

a) Que momento histórico essa fotografia mostra?

____

b) Como essas pessoas parecem ter reagido a esse acontecimento?

____

LER E ENTENDER

Nesta seção, vamos ler uma reportagem.

Você lê ou ouve reportagens? Se sim, lembra-se da última que leu ou ouviu? Sobre o que falava?

Sabe qual é o objetivo das reportagens?

É o que vamos aprender agora. Para isso, leia com atenção a reportagem a seguir.

Cápsula do tempo

Extra! Extra! Baú de tesouros da época do Império foi encontrado no Rio de Janeiro

Uma caixinha cheia de tesouros que nos leva a uma viagem até o século 19. Parece ficção, mas é realidade: um grupo de arqueólogos ligados ao Instituto Rio Patrimônio da Humanidade encontrou essa preciosidade histórica no Rio de Janeiro (RJ).

Tão valioso quanto um baú cheio de joias escondido por piratas, o achado inclui três jornais e nove moedas da época do imperador dom Pedro II. A caixa é de 1871 e só foi descoberta em junho, durante as obras de restauração na zona portuária da cidade.

Biblioteca Nacional, Rio de Janeiro, RJ.

Uma caixa da época de dom Pedro II foi encontrada durante escavações nas docas do Rio de Janeiro (RJ), em junho de 2012.

O arqueólogo Jayme Spinelli, da Biblioteca Nacional, conta que a caixa, que está sendo chamada pelos pesquisadores de "cápsula do tempo", foi encontrada na pedra fundamental das docas. Em uma construção, pedra fundamental é o nome dado ao primeiro bloco de pedra posicionado para a construção.

No passado, era costume colocar, dentro da pedra, uma caixa contendo alguns objetos que identificassem a época em que a construção foi feita, como jornais datados, moedas e o nome dos envolvidos na obra. Não se sabe ao certo quando essa prática surgiu, mas com certeza é bem antiga: "cápsulas do tempo" semelhantes já foram encontradas em construções mesopotâmicas que datam de mais ou menos 5500 anos antes da nossa era.

Ainda hoje, muitas pessoas fazem isso, quem sabe para facilitar o trabalho dos arqueólogos do futuro, sem deixar de criar certo mistério: segundo Jayme, geralmente não se revela a localização exata da caixa de lembranças.

O tesouro histórico foi encontrado no Rio dentro de uma caixa de chumbo que estava acomodada dentro de outra caixa de madeira. Seja quem for que tenha guardado, fez isso esperando que ela estivesse intacta depois de muito tempo. E conseguiu, né?

Ciência Hoje das Crianças. 12 set. 2012. Disponível em: <http://chc.cienciahoje.uol.com.br/capsula-do-tempo>. Acesso em: 7 abr. 2016.

ANALISE

1. Sobre a reportagem lida, responda em seu caderno:

a) Qual foi o acontecimento relatado?

b) Onde e quando aconteceu esse fato?

2. A expressão "Extra! Extra!" prepara o leitor para que tipo de informação?

- [ ] Uma tragédia.
- [ ] Um fato já conhecido.
- [ ] Uma novidade.
- [ ] Um fato engraçado.

3. A foto que acompanha a reportagem comprova que o fato noticiado aconteceu de verdade. Por quê?

____

4. Para que serve a legenda que acompanha a foto da reportagem?

____

5. No último parágrafo da reportagem o jornalista usa uma expressão própria do diálogo para se aproximar do leitor. Que expressão é essa?

____

RELACIONE

6. Quais foram os dois documentos históricos citados na reportagem?

____

7. Que papel social o jornal passou a ocupar a partir do Segundo Reinado?

____

8. Que outro documento histórico foi muito importante no século 19, além dos que foram citados na reportagem?

- [ ] Rádio
- [ ] Televisão
- [ ] Fotografia

O QUE APRENDI?

Agora é hora de retomar e organizar o que foi possível aprender sobre o Brasil do século 19 por meio da discussão dos textos e imagens desta Unidade.

1. Retome as questões que foram apresentadas na abertura da Unidade. Discuta com os colegas e o professor como você as responderia agora.

2. Nesta Unidade estudamos o Segundo Reinado. Escreva no caderno três pequenos textos que expliquem o que você aprendeu sobre esse período da história do Brasil. Para escrever, considere os seguintes temas:

- A importância do café para o desenvolvimento do país.
- O processo de abolição da escravatura e a vinda dos imigrantes para o Brasil.
- A crise na monarquia e a proclamação da República.

3. Responda às questões:

a) O que eram os quilombos? Qual era a sua importância?

____

____

____

b) O Brasil sofria pressões externas e internas para acabar com a escravidão. Dê um exemplo de pressão interna e um de pressão externa para o fim da escravidão.

____

____

____

4. Agora é sua vez de contribuir para uma pesquisa histórica. Traga para a escola uma imagem que você acredita ser um documento histórico. Justifique oralmente sua escolha, explicando por que você considera essa imagem um documento histórico.

5. Agora pense em tudo o que você estudou nesta Unidade. Você vai avaliar o seu aprendizado e aproveitamento, classificando o que acha que aprendeu bem, o que ainda apresenta dúvidas e o que precisa rever.

Assinale os quadrinhos de acordo com sua avaliação. Depois, converse com o professor e os colegas sobre as respostas da turma para que todos entendam como podem melhorar.

- **Capítulo 1** – O cultivo de café, o processo de abolição da escravidão e a vinda de imigrantes para o Brasil

  ☐ Compreendi bem ☐ Tenho dúvidas ☐ Preciso retomar

- **Capítulo 2** – O desenvolvimento da imprensa e da fotografia e os costumes no Segundo Reinado

  ☐ Compreendi bem ☐ Tenho dúvidas ☐ Preciso retomar

- **Capítulo 3** – A Guerra do Paraguai e a proclamação da República

  ☐ Compreendi bem ☐ Tenho dúvidas ☐ Preciso retomar

6. Agora complete a tabela com sua avaliação sobre alguns pontos ligados a suas atitudes e comportamentos.

Responsabilidade	Muitas vezes	Às vezes	Poucas vezes
1. Fiz as tarefas de casa?			
2. Fiz as atividades em classe?			
3. Participei das discussões?			
4. Conservo meu material em ordem?			

UNIDADE 2

E O BRASIL SE TORNOU UMA REPÚBLICA

Visão romântica do porto de Recife, óleo sobre cartão do pintor pernambucano Cícero Dias, década de 1930.

Reprodução/Coleção Sergio Fadel, Rio de Janeiro, RJ.

- O que mais chamou sua atenção na imagem?
- O que você acha que essa pintura representa?
- O que essa pintura nos conta sobre Recife nos anos 1930?

CAPÍTULO

4 AS PRIMEIRAS DÉCADAS DO SÉCULO 20

AS REFORMAS URBANAS

Você sabia que há pouco mais de cem anos a maioria dos habitantes do Brasil vivia no campo, trabalhando em atividades agrícolas?

Naquela época, as principais cidades do país eram as que tinham comércio mais desenvolvido. Nessas cidades, as indústrias começavam a se instalar.

São Paulo e Rio de Janeiro estavam entre as maiores cidades do Brasil no início do século 20. São Paulo crescia com as riquezas trazidas pelo café. No Rio de Janeiro, capital da República, ocorreu grande aumento populacional. Muitas mudanças foram realizadas na cidade a partir de 1904, como o alargamento e calçamento de ruas, a abertura de avenidas, a construção de grandes prédios, o melhoramento do porto e as obras de saneamento.

Em outras capitais brasileiras também foram realizadas reformas que modificaram espaços de moradia e circulação de pessoas. Foi o caso de Recife, capital de Pernambuco, que passou por grandes mudanças. Em 1910, o porto foi ampliado e reorganizou-se o traçado das ruas, com a abertura de largas avenidas.

Para fazer essas reformas urbanas, ruas estreitas foram alargadas e sobrados e igrejas do período colonial foram derrubados. Isso prejudicou as pessoas pobres que moravam em casas e cortiços no centro da cidade. Com as demolições, essas pessoas foram obrigadas a se mudar para lugares distantes de seus locais de trabalho.

Acervo Fundação Joaquim Nabuco, Recife, PE.

Praça Maciel Pinheiro, no Recife, em fotografia da década de 1910.

Além das mudanças nas cidades, novas tecnologias modificavam o dia a dia das pessoas:

- Mudanças no transporte público: muitas cidades passaram a contar com bondes puxados por animais, quase sempre jumentos. Rio de Janeiro e São Paulo foram as primeiras a ter bondes elétricos, já no fim do século 19.
- Mudanças no transporte individual: na década de 1920, os primeiros automóveis passaram a circular pelas cidades brasileiras. Mas esses veículos só podiam ser comprados pelas pessoas mais ricas.
- O cinema foi outra novidade da época, permitindo ao público das grandes cidades conhecer imagens e histórias do mundo inteiro.
- A expansão de serviços como luz elétrica, gás e água encanada melhorou o dia a dia das pessoas que tinham acesso a esses benefícios.

Veja nos documentos a seguir como as inovações foram apresentadas e recebidas pelas pessoas. Depois, converse sobre o tema.

ralé: a camada mais baixa da sociedade.

Documento 1

Biblioteca Nacional, Rio de Janeiro, RJ.

Anúncio de 1913 com propaganda do Cadillac, marca automotiva de luxo fabricada nos Estados Unidos a partir de 1902.

Documento 2

Ali na Rua Oriente a ralé quando muito andava de bonde. De automóvel ou carro só mesmo em dia de enterro. De enterro ou de casamento. Por isso mesmo o sonho era de realização muito difícil. Um sonho.

Novelas paulistanas, de Antônio de Alcântara Machado. Rio de Janeiro: José Olympio, 1961. p. 61.

Documento 3

A primeira vez que ouvi falar em "fotografia animada" foi por Helena, minha prima, quando nos balançávamos na rede a um canto da sala. Era mais velha um ano que eu, e contou-me que tinham inventado um retrato que mexia. Era como se o retrato da gente balançando na rede ficasse pendurado na parede, balançando sempre. [...] Comprava-se o quadro, pendurava-se na parede e as figuras ficavam mexendo sempre, como na hora em que se tirou o retrato.

Nosso Século: 1900-1910, de Jorge Americano. v. 1. São Paulo: Abril Cultural, 1980. p. 90.

ELITES NO PODER

Na Unidade anterior você aprendeu que, com a proclamação da República em 1889, o Brasil deixou de ser uma monarquia. Mas, além disso, o que você acha que mudou?

A adoção de um novo sistema de governo não modificou os problemas sociais do país. Ainda existia pobreza, falta de acesso à educação e moradia. A maior parte da população continuou excluída das decisões importantes do Brasil.

Acervo Iconographia/Reminiscências

Assinatura do projeto da Constituição de 1891, óleo sobre tela de Gustave Hastoy, c. 1891. A pintura representa o marechal Deodoro assinando o projeto da Constituição.

A partir de 1889 terminou o que chamamos de **Segundo Reinado** e começou a **Primeira República**. E até quando vai a Primeira República? Como você verá adiante, ela termina somente em 1930. Esse período é ainda dividido em duas fases: a primeira é chamada de **República da Espada**, porque os primeiros presidentes eram militares.

Nas eleições da Primeira República, os coronéis tiveram papel importante. Eles eram grandes proprietários de terra que tinham muita influência na região onde moravam. Os coronéis obrigavam as pessoas a votar nos candidatos indicados por eles. Em troca, prometiam empregos, davam alimentos e roupas para os moradores. Essa prática, conhecida como **voto de cabresto**, garantia ao coronel o apoio do candidato que ele ajudava a eleger. Observe a charge abaixo.

Claudius/Acervo do cartunista

Charge do cartunista Claudius sobre o voto de cabresto, 1996.

A segunda fase da Primeira República ficou conhecida como **República do Café com Leite**. O nome foi dado porque era comum o revezamento entre políticos mineiros e paulistas na Presidência do Brasil. Nessa fase, o poder foi controlado pelas elites dos estados de Minas Gerais (produtor de gado leiteiro) e São Paulo (produtor de café). Veja o quadro a seguir.

Os primeiros anos da República no Brasil		
1889-1891	Governo de Deodoro da Fonseca	República da Espada
1891-1894	Governo de Floriano Peixoto	
1894-1898	Prudente de Morais (São Paulo)	República do Café com Leite
1898-1902	Campos Sales (São Paulo)	
1902-1906	Rodrigues Alves (São Paulo)	
1906-1909	Afonso Pena (Minas Gerais)	
1909-1910	Nilo Peçanha (Rio de Janeiro)	
1910-1914	Hermes da Fonseca (Rio Grande do Sul)	
1914-1918	Venceslau Brás (Minas Gerais)	
1918-1919	Delfim Moreira (Minas Gerais)	
1919-1922	Epitácio Pessoa (Paraíba)	
1922-1926	Artur Bernardes (Minas Gerais)	
1926-1930	Washington Luís (São Paulo)	

ATIVIDADES

- Observe a charge ao lado e responda:

  a) O que você observa na charge de Oswaldo Storni?

  ____

  ____

  ____

  ____

  ____

  b) Que prática da política brasileira está representada na charge?

  ____

  ____

  ____

Biblioteca Nacional, Rio de Janeiro, RJ.

Charge de Oswaldo Storni, publicada na revista **Careta**, em 1925.

LUTAS NO CAMPO E NA CIDADE

Veja no seu **Miniatlas** o mapa da página 10.

No final do século 19, ocorreram conflitos, revoltas e movimentos populares em vários lugares do Brasil. No campo, onde vivia a maior parte da população, havia muita pobreza e as condições de vida eram precárias. No sertão do Nordeste, grande parte das famílias vivia na miséria, sem trabalho, comida e moradia. Os políticos e os grandes fazendeiros não atendiam às necessidades da população.

A GUERRA DE CANUDOS

Nesse contexto, em 1893, no norte da Bahia, formou-se um povoado de camponeses liderado pelo pregador conhecido como Antônio Conselheiro. O povoado, chamado de arraial de Canudos, atraiu muita gente, chegando a ter mais de 20 mil habitantes. As famílias trabalhavam juntas, erguendo casas e plantando roças.

pregador: pessoa que ensina e divulga ideias religiosas.

Essa situação desagradou os grandes fazendeiros e os comerciantes e o governo enviou tropas para atacar Canudos. Em 1897, depois de um mês e meio de lutas, o arraial foi destruído e Antônio Conselheiro foi morto. Muitos dos sertanejos que sobreviveram aos combates foram presos e mortos.

O CANGAÇO

Outro movimento popular do Nordeste foi o **cangaço**, nome dado ao modo de vida dos cangaceiros, homens e mulheres armados que percorriam o sertão. Os cangaceiros assaltavam fazendas e povoados e eram temidos por sua violência, mas também admirados pelos sertanejos porque não temiam os coronéis, os proprietários de terras e outras pessoas poderosas.

Virgulino Ferreira da Silva, conhecido como Lampião, foi o mais famoso dos cangaceiros. Com seu bando, Lampião percorreu parte dos estados de Pernambuco, Alagoas, Sergipe e Bahia. Em alguns lugares fazia acordos com fazendeiros e políticos. Em outros, atacava os fazendeiros que o tratavam como inimigo. Com sua companheira Maria Bonita e seu bando, Lampião foi morto pela polícia em 1938.

Acervo AbaFilm, Fortaleza, CE.

O fotógrafo Benjamin Abrahão aperta a mão de Lampião, rodeado de cangaceiros. Foto de 1936.

A REVOLTA DA CHIBATA

Em novembro de 1910, na cidade do Rio de Janeiro, um grupo de marinheiros se rebelou contra os baixos salários e os castigos físicos. Naquela época os marinheiros eram punidos com chibatadas (chicotadas). O líder do movimento foi o marinheiro João Cândido. Os rebeldes tomaram quatro navios de guerra e ameaçaram bombardear a cidade, caso suas exigências não fossem atendidas.

O então presidente Hermes da Fonseca aboliu os castigos físicos na Marinha do Brasil e prometeu não punir os rebelados. Porém, quando a revolta acabou, o governo mandou prender dezessete líderes do movimento. Após semanas presos em uma cela subterrânea, quinze marinheiros haviam morrido. Apenas dois sobreviveram: um deles foi João Cândido, libertado em dezembro de 1910.

Arquivo Edgard Leuenroth-Unicamp, Campinas, SP.

João Cândido, líder da Revolta da Chibata, em 1910.

MOVIMENTO OPERÁRIO

Nas cidades viviam trabalhadores que atuavam em diferentes áreas: nas ferrovias (ferroviários), na construção civil (pedreiros, serventes, carpinteiros), nos portos (portuários, carregadores, estivadores), entre outros. Havia também sapateiros, ferreiros e trabalhadores do comércio. Com o crescimento das indústrias, aumentou o número de operários nas fábricas. Muitos desses trabalhadores eram imigrantes europeus, pessoas que tinham vindo para o Brasil em busca de uma vida melhor. Mas não foi isso que encontraram aqui.

Naquela época, os trabalhadores enfrentavam difíceis condições de vida. Trabalhavam muito e ganhavam pouco, o que mal garantia a sobrevivência.

Os operários começaram a organizar movimentos para lutar por melhorias nas condições de trabalho. Para alcançar seus objetivos associaram-se em sindicatos e promoveram greves.

sindicatos: grupos fundados para a defesa dos interesses de seus membros. Cada profissão tem um sindicato específico, como o dos professores, o dos trabalhadores domésticos, etc.

Arquivo/Agência Estado

Em 1917 ocorreu uma das maiores greves organizadas pelos sindicatos. O movimento começou em São Paulo e se espalhou por outras cidades do país, chegando a reunir 100 mil trabalhadores em uma greve geral. Na foto, comício na praça da Sé em São Paulo, em 1917.

ATIVIDADES DO CAPÍTULO

1. Em seu caderno, explique os termos a seguir:

a) Guerra de Canudos

b) Política do café com leite

c) Voto de cabresto

d) Movimento operário

2. Observe a imagem e responda:

Acervo Iconographia/Reminiscências

Rebeldes em navio da Marinha brasileira, em 1910.

a) Qual é a profissão dos homens da foto?

____

b) A que revolta do Brasil eles estão relacionados?

____

c) Quais foram os motivos dessa revolta?

____

____

3. Leia os documentos abaixo para compreender melhor o cotidiano das crianças que trabalhavam no Brasil no início do século 20:

Documento 1

Havia, entre nós, abusos e injustiças contra crianças, mulheres e mesmo operários homens, no que diz respeito à idade de admissão, ao horário e ao salário, principalmente. E sabeis que falo de experiência própria, porque durante mais de 35 anos dirigi fábricas com milhares de operários e sei bem o que vos digo. Confesso que trabalhei com crianças de 10 ou 12 anos e talvez menos, porque, nesses casos, os próprios pais enganavam [a idade]. O horário normal de trabalho era de 10 horas e, quando necessário, de 11 a 12 horas [por dia]. O que vos dizer das mulheres grávidas que trabalhavam até quase a hora de nascer o filho?

A legislação trabalhista no Brasil, 1934, de Jorge Street. Disponível em: <http://portal.mec.gov.br/seb/arquivos/pdf/Educinf/mod_ii_vol1unid8.pdf>. Acesso em: abr. 2016.

Documento 2

As atividades informais abrigavam muitas crianças e adolescentes, caso, entre outros, dos menores de ambos os sexos que, [...] vendiam bilhetes de loteria pelas ruas da cidade, dos pequenos engraxates que se postavam junto às praças e às portas das igrejas, bem como dos pequenos vendedores de jornais que percorriam as ruas em passo rápido ou pendurados nos estribos dos bondes.

Crianças operárias na recém-industrializada São Paulo, de Esmeralda Moura. **História das crianças no Brasil**, de Mary Del Priore (Org.). São Paulo: Contexto, 1999. p. 274.

a) Quanto tempo trabalhavam as crianças segundo o documento 1?

____

____

b) Segundo o documento 2, que tipo de trabalho era feito por crianças e jovens além do trabalho nas fábricas?

____

____

- Compare a sua vida com a das crianças trabalhadoras do passado: essas crianças tinham tempo para estudar? Comente com os colegas.

LEITURA DE IMAGEM

Veja no seu **Miniatlas** o mapa da página 10.

O ACESSO À SAÚDE

Você já sabe que todos nós temos direito a médicos e medicamentos para cuidar da saúde e tratar das doenças. Além disso, hoje sabemos que a vacinação é importante para evitar algumas doenças graves.

Coleção particular, Rio de Janeiro, RJ.

Oswaldo Cruz, em fotografia sem data.

Em 1904, junto com a reforma urbana no Rio de Janeiro, o governo fez esforços para sanear a cidade e combater doenças graves. O médico e cientista Oswaldo Cruz coordenou campanhas contra a febre amarela e a varíola, organizando batalhões de "mata-mosquitos", encarregados de eliminar os focos dos insetos transmissores. O governo decretou a vacinação obrigatória, feita pelas Brigadas Sanitárias, grupos de agentes de saúde que entravam nas moradias acompanhados de policiais para vacinar as pessoas.

No dia 10 de novembro de 1904 começaram os protestos contra a vacinação, que logo tomaram conta da cidade. A população armada com ferramentas, paus e pedras destruiu veículos, lojas e postes de iluminação. A polícia, tropas do Exército e da Marinha reprimiram violentamente os protestos. O conflito, que durou dez dias e causou muitas mortes, ficou conhecido como **Revolta da Vacina**.

OBSERVE

1

Revista *O Malho*/Fundação Biblioteca Nacional, Rio de Janeiro, RJ.

Charge que ilustra manifestação popular contra a vacinação obrigatória instituída por Oswaldo Cruz, episódio da Revolta da Vacina, em 13 de novembro de 1904. Publicada na revista **O Malho**, na edição de 29 de outubro de 1904.

Rosa Gauditano/Studio R

Atendimento médico para vacinação na Aldeia Xavante de Pimentel Barbosa, em Mato Grosso. Foto sem data.

ANALISE

1. O que você vê na imagem 1?

2. A cena retratada no desenho é pacífica ou é de conflito? O que você observou na imagem para responder a essa pergunta?

3. Quem aparece na imagem 2 e qual a situação retratada?

4. Observe a situação representada na imagem 2: ela é pacífica ou é de conflito? O que você observou para responder a essa pergunta?

RELACIONE

5. O que há de diferente em relação ao modo como as pessoas representadas nas duas imagens estão se comportando em relação à vacinação?

6. Junte-se a mais dois colegas e reflitam:

a) Por que vocês acham que em 1904 as pessoas reagiram à vacinação do modo representado na charge?

b) No lugar onde vocês moram, como as pessoas reagem às campanhas de vacinação?

CAPÍTULO 5

A ERA VARGAS

Veja no seu **Miniatlas** o mapa da página 12.

MUDANÇAS NA POLÍTICA E NA ECONOMIA

No Capítulo 4 você aprendeu que os operários lutaram para conquistar melhores condições de trabalho. Durante a década de 1920 as greves continuaram. Outros grupos também estavam descontentes com a política. Entre eles os cafeicultores, alguns militares e os artistas.

Nas eleições para presidente de 1929, o candidato Júlio Prestes venceu o gaúcho Getúlio Vargas. Novamente um paulista ocuparia a Presidência da República.

Não satisfeitos com os resultados, os opositores de Júlio Prestes organizaram um golpe de Estado. O golpe contou com o apoio dos militares e das elites regionais de Minas Gerais, Rio Grande do Sul e Paraíba. Com isso, Getúlio Vargas assumiu a Presidência. Esse fato ficou conhecido como **Revolução de 1930** e marcou o fim da Primeira República.

Constituição: conjunto de leis que determinam os direitos e os deveres dos cidadãos de um país.

Assembleia Constituinte: reunião de políticos eleitos para criar ou modificar as leis de uma nova Constituição.

Vargas formou primeiro um governo provisório, com o poder centralizado nas mãos do presidente. Para que os poderes fossem divididos, era necessária uma nova Constituição. Em 1932, os paulistas iniciaram uma revolta que ficou conhecida como "Revolução Constitucionalista", exigindo uma nova Assembleia Constituinte. Durante três meses os paulistas guerrearam contra tropas que apoiavam o governo. O movimento dos paulistas foi derrotado, mas conseguiu mudanças importantes. A partir de 1932 o voto passou a ser secreto e obrigatório para maiores de 18 anos e também para as mulheres. Em 1934 uma nova Constituição foi promulgada.

Em 1937, quando novas eleições se aproximavam, Vargas deu outro golpe. Ele anunciou uma Constituição que lhe dava mais poderes e tirava a autonomia dos estados. O chamado **Estado Novo**, instituído por meio desse golpe, durou de 1937 a 1945.

Nesse período houve censura a jornais, revistas e rádios. As greves foram proibidas, e os opositores do governo, perseguidos, presos ou mortos.

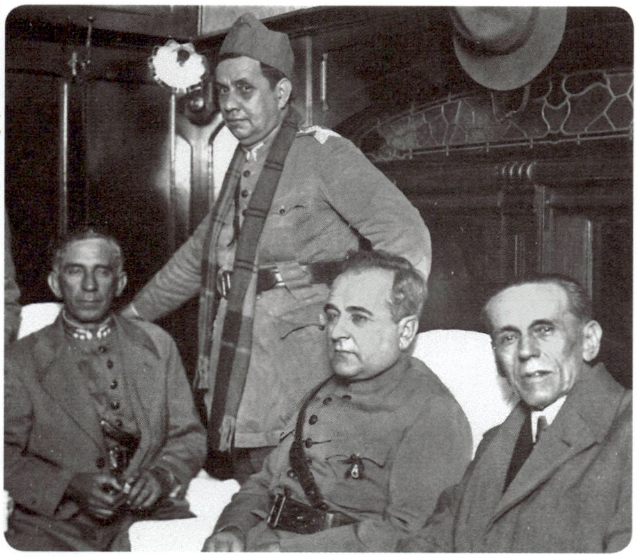

Acervo Iconographia/Reminiscências

Getúlio Vargas (sentado, no centro) em fotografia tirada logo após o golpe de 1930.

O CRESCIMENTO DA INDÚSTRIA

Por causa de uma grande crise econômica mundial ocorrida no final da década de 1920, a cafeicultura tinha sofrido prejuízos, mas continuava sendo a principal fonte de riqueza do Brasil. A partir de 1938, porém, a produção industrial, incentivada pelo governo Vargas, tornou-se maior que a produção agrícola.

Para garantir o desenvolvimento industrial, foram criadas no início dos anos 1940 a Companhia Vale do Rio Doce (atual Vale), que cuidava da extração de minérios como ferro, níquel e outros, e a Companhia Siderúrgica Nacional de Volta Redonda. O governo Vargas criou também empresas de transporte, navegação e energia.

Esse crescimento industrial gerou muitos empregos, principalmente na região Sudeste, onde ficava a maioria das fábricas e indústrias. Você sabe quem ocupou esses empregos?

Muitas pessoas e famílias de outras regiões do país, principalmente do Norte e Nordeste, começaram a migrar para São Paulo e Rio de Janeiro. Elas vinham em busca de trabalho e melhores condições de vida.

ATIVIDADES

- Observe a pintura de Tarsila do Amaral e responda:

Acervo Artístico-Cultural dos Palácios do Governo do Estado, São Paulo, SP/Tarsila do Amaral Empreendimentos.

Operários, óleo sobre tela de Tarsila do Amaral, 1933.

a) Que tipos de pessoas compõem a pintura?

____

____

____

____

b) Que elementos indicam o trabalho dessas pessoas?

____

c) Que outro nome você daria a esse quadro?

____

OS TRABALHADORES CONQUISTAM DIREITOS

Você lembra quais eram os principais problemas dos trabalhadores nas primeiras décadas do século 20?

Baixos salários, muitas horas de trabalho, falta de higiene nos locais de serviço, entre outros. Esses problemas originaram muitas greves que aconteceram no período, reivindicando melhores condições de trabalho.

Arquivo Edgard Leurenroth/Unicamp

Funcionários da fábrica Crespi, na Mooca, na cidade de São Paulo, durante a greve geral de 1917.

Após 1930, o governo criou várias **leis trabalhistas**, ou seja, leis para proteger o trabalhador. Uma delas garantia o salário mínimo, outra fixava o horário de trabalho.

salário mínimo: valor mais baixo que os empregadores podem pagar aos seus funcionários pelo seu trabalho.

Em 1943, todas as leis trabalhistas foram reunidas num conjunto de leis chamado **Consolidação das Leis do Trabalho** – CLT. Essa nova medida tratou dos direitos e deveres de empregadores e empregados. Estabelecia o direito a férias, descanso semanal pago, segurança, saúde e higiene no local de trabalho.

A carteira de trabalho foi criada em 1932 com o nome de carteira profissional. Esse documento registra a vida profissional do trabalhador – as empresas onde trabalhou, os salários que recebeu, entre outras informações.

Antes de 1932 os empregadores faziam registros dos trabalhadores apenas nos livros da empresa. Hoje, a carteira de trabalho não só documenta a vida profissional mas dá ao trabalhador acesso a direitos importantes, como o seguro desemprego e o Fundo de Garantia por Tempo de Serviço (FGTS).

Os direitos trabalhistas instituídos por Vargas foram garantidos aos trabalhadores das cidades. No entanto, a maioria da população vivia no campo, onde continuava sem boas condições de trabalho.

Como vimos, as leis trabalhistas foram resultado de longo tempo de luta dos trabalhadores. Durante o Estado Novo, porém, Vargas procurou controlar as atividades dos sindicatos e proibir as greves de trabalhadores. Fazendo parecer que as leis trabalhistas eram um presente dele aos empregados, o presidente tornou-se a figura central nas comemorações do dia 1º de maio, o Dia do Trabalho.

ATIVIDADES

- Observe as imagens abaixo e responda:

Acervo Iconographia/Reminiscências

Trabalhadores comemoram o Dia do Trabalho, em 1944, na cidade de São Paulo.

Fundação Getúlio Vargas/CPDOC

Cartaz convida os trabalhadores para a festa de 1º de maio.

a) Como o cartaz representa a figura do presidente?

____

____

b) E as figuras abaixo dele, como são representadas?

____

____

____

c) Qual o significado dos cartazes que os trabalhadores seguram na foto?

____

____

____

O SAMBA NAS ONDAS DO RÁDIO

O rádio é um sistema de comunicação que transmite sons por meio de ondas que se propagam no espaço. Você sabia que essa tecnologia de transmissão foi inventada no final do século 19?

No Brasil, a primeira transmissão radiofônica ocorreu em 1893, no Rio Grande do Sul, realizada pelo Padre Landell de Moura.

Em 1923 foi criada a Rádio Sociedade do Rio de Janeiro, dirigida pelo jornalista Roquete Pinto. Com o surgimento das emissoras, famílias e amigos se reuniam em torno do aparelho para ouvir os programas favoritos.

Mas somente a partir de 1930 o rádio se popularizou no Brasil. Várias emissoras foram criadas. De início transmitiam notícias e programas educativos. Depois vieram programas de música, humor, esportes, propagandas e novelas de rádio.

Um dos primeiros programas de sucesso foi criado por Ademar Casé em 1932, reunindo músicos importantes do período, como Noel Rosa, Pixinguinha e Zezé Fonseca.

O samba "Pelo telefone", gravado em 1917, é considerado por muitos pesquisadores o primeiro samba registrado em disco no Brasil. Quem fez a gravação foi o músico Ernesto Joaquim Maria dos Santos, conhecido como Donga.

Nas primeiras décadas do século 20 o samba e seus admiradores eram discriminados e perseguidos pela polícia. Havia o preconceito de que samba era música de "malandro", indivíduo preguiçoso, desocupado, que não trabalhava.

Com o passar dos anos e o sucesso popular, o samba passou a ser considerado um símbolo nacional. A partir da década de 1930, vários sambistas e intérpretes tornaram-se ídolos populares nos programas de rádio.

Muitas letras de samba comentavam com humor e ironia o dia a dia na cidade. Entretanto, durante o Estado Novo, as letras passaram a ser censuradas pelo Departamento de Imprensa e Propaganda (DIP), criado em 1939 por Getúlio Vargas.

Arquivo Público do Estado de São Paulo

Anúncio de aparelho de rádio com vitrola, publicado na revista **A Cigarra** em 1929.

Leia a seguir a letra de um samba de Wilson Batista e Ataulfo Alves que foi sucesso no Carnaval de 1941:

O bonde de São Januário

Quem trabalha
É quem tem razão
Eu digo
E não tenho medo de errar
O bonde de São Januário
Leva mais um operário
Sou eu
Que vou trabalhar

Antigamente
Eu não tinha juízo
Mas hoje
Eu penso melhor no futuro
Graças a Deus
Sou feliz
Vivo muito bem
A boemia não dá camisa
A ninguém [...]

Disponível em: <www.educadores.diaadia.pr.gov.br/>. Acesso em: 16 jun. 2016.

A letra original desse samba era diferente: exaltava o "malandro", que não queria saber de trabalho. Por ordem da censura, a letra foi mudada e ficou como você leu acima, afirmando "Quem trabalha é quem tem razão".

O exemplo mostra o tipo de comportamento que era valorizado pelo governo de Getúlio Vargas. Você sabe dizer que comportamento é esse?

Durante o Estado Novo, o governo criou a imagem do trabalhador ideal, do "operário-padrão". Aquele que cumpria as ordens do patrão, não faltava ao trabalho e não fazia greves. Essa imagem era divulgada pela propaganda política. Mas a situação dos trabalhadores continuava bem precária, como indica a letra deste outro samba:

O orvalho vem caindo

O orvalho vem caindo
Vai molhar o meu chapéu
E também vão sumindo
As estrelas lá no céu
Tenho passado tão mal

A minha cama é uma folha de jornal
Meu cortinado é o vasto céu de anil
E o meu despertador
É o guarda civil
Que o salário ainda não viu...

O orvalho vem caindo, de Noel Rosa e Kid Pepe. Gravadora: Victor, 1933. **O carnaval carioca através da música**, de Edigar de Alencar. Rio de Janeiro: Francisco Alves, 1985.

Ilustrações: Weberson Santiago/Arquivo da editora

ATIVIDADES DO CAPÍTULO

1. Indique no quadro abaixo as frases correspondentes a aspectos da política, economia e sociedade em cada período:

Antes de 1930	Após 1930

a) Havia eleições a cada quatro anos para presidente da República.

b) O café era a principal riqueza produzida no país.

c) As mulheres passaram a votar nas eleições.

d) Os trabalhadores não tinham direitos trabalhistas garantidos por lei.

e) Os trabalhadores foram proibidos de fazer greves.

f) Havia censura aos jornais e perseguição aos opositores do governo.

g) O rádio se tornou importante veículo de comunicação.

h) Foi gravado o samba "Pelo telefone".

i) Nas cidades, surgiam os primeiros arranha-céus.

j) Os operários organizaram sindicatos para lutar por seus direitos.

2. Observe a linha do tempo do primeiro governo Vargas e faça o que se pede.

1930	1932	1934	1937	1943	1945
Vargas toma o poder: Revolução de 1930.	Revolução Constitucionalista liderada pelos paulistas. As mulheres conquistam direito ao voto.	Promulgada a nova Constituição Federal.	Novo golpe de Vargas instala o Estado Novo.	Consolidação das leis trabalhistas: CLT.	Fim do Estado Novo e da ditadura de Vargas no Brasil.

a) Anote quantos anos se passaram entre o golpe que levou Vargas ao poder e a promulgação de uma nova Constituição.

____

b) Há quanto tempo Vargas estava no poder quando instalou a ditadura do Estado Novo?

____

c) No total, por quantos anos Vargas permaneceu no poder?

____

d) Em que momentos mostrados na linha do tempo houve conquistas sociais e políticas?

____

____

3. A foto ao lado mostra Getúlio Vargas no momento em que anunciava pelo rádio a nova Constituição, em 1937. O presidente fez muito uso desse meio de comunicação para se aproximar da população e divulgar suas realizações. Com esse objetivo foi criado em 1935 o **Programa Nacional**, que a partir de 1938 passou a se chamar **Hora do Brasil**. Com transmissão obrigatória, o programa ia ao ar em todas as emissoras do país, todos os dias, às 19 horas. Em suas falas radiofônicas, Vargas anunciava as obras do governo e procurava estimular sentimentos de amor à pátria entre os brasileiros. Nas cidades menores, o programa era transmitido por alto-falantes instalados nas praças.

Acervo Iconographia/Reminiscências

Getúlio Vargas anuncia pelo rádio a nova Constituição, em 1937.

Em 1971 o governo mudou o nome do programa para **A Voz do Brasil**. Esse é o programa de rádio mais antigo ainda no ar no país. Faça uma pesquisa e descubra:

a) A que horas **A Voz do Brasil** vai ao ar nas emissoras atualmente?

____

b) Qual é o conteúdo desse programa?

____

____

c) Você concorda que o programa seja obrigatório?

CAPÍTULO

6 DEMOCRACIA E DITADURA

A SOCIEDADE BRASILEIRA NOS ANOS 1950

Você viu que nas décadas de 1930 e 1940 o rádio teve papel fundamental como meio de comunicação. No início da década de 1950, chegou ao Brasil outro meio que mudou as formas de comunicação e lazer: a televisão. Nessa época, Getúlio Vargas estava de volta à Presidência, dessa vez eleito por voto popular.

O ator Alberto Rushel e figurantes em cena do filme **O cangaceiro**, de 1953, dirigido por Lima Barreto. O filme ganhou o prêmio de melhor filme de aventura e de melhor trilha sonora no Festival Internacional de Cannes.

O empresário Assis Chateaubriand, dono dos Diários Associados, grupo econômico que reunia dezenas de jornais, revistas e emissoras de rádio, inaugurou a TV Tupi de São Paulo em setembro de 1950.

Os primeiros televisores eram importados e, por isso, muito caros. Ao longo das décadas de 1950 e 1960, a TV se popularizou. Foram criados programas de grande sucesso, como as apresentações dos ídolos do rádio. Você pode imaginar a sensação dos telespectadores ao ver a imagem de cantoras e cantores que até então só conheciam pela voz?

Além da televisão, o cinema era outra forma de lazer popular. No fim de semana crianças e jovens frequentavam as matinês, sessões exibidas no período da tarde com uma programação de seriados com super-heróis, mocinhos e vilões, além dos famosos musicais produzidos em Hollywood.

Na década de 1950, o cinema brasileiro passou por uma fase renovadora, com a instalação da Companhia Cinematográfica Vera Cruz, fundada em São Paulo por Assis Chateaubriand e Franco Zampari. Na Vera Cruz foram produzidos mais de 40 filmes de longa-metragem, muitos deles com temas brasileiros e qualidade técnica apurada.

A Atlântida Cinematográfica, fundada em 1941 no Rio de Janeiro, foi forçada a aprimorar sua qualidade. Destacou-se a dupla Oscarito e Grande Otelo, comediantes de sucesso em dezenas de filmes, que também contavam com a presença de ídolos do rádio.

Grande Otelo e Oscarito em **Matar ou correr**, filme de 1954, dirigido por Carlos Manga para a Atlântida Cinematográfica. O filme é uma paródia de *High noon* (*Matar ou morrer*), com Gary Cooper.

MUDANÇAS NO COTIDIANO

Antes da década de 1950, poucas mulheres trabalhavam fora de casa. Em geral, só as mais pobres, para garantir a sobrevivência da família. No campo, trabalhavam na lavoura; nas cidades, cumpriam jornadas nas fábricas ou no comércio. Entre as mulheres de classe média, o mais comum era ficar em casa, cuidando dos filhos e das tarefas domésticas.

A partir dos anos 1950, muitas mulheres passaram a exigir mais espaços de participação social. As jovens queriam estudar além do ensino básico, cursar uma faculdade. Muitas queriam seguir uma carreira e obter independência financeira.

Nessa época o futebol já era o esporte mais popular do país. Em 1950 aconteceu a primeira Copa do Mundo no Brasil. A seleção brasileira jogou a final da Copa contra o Uruguai, mas perdeu o título nesse jogo que lotou o estádio do Maracanã, no Rio de Janeiro. Somente em 1958 a seleção brasileira de futebol ganhou sua primeira Copa, disputada na Suécia.

O final da década de 1950 foi marcado por dois ritmos musicais bem diferentes, que agitavam os bailes da juventude nas cidades brasileiras. Um deles, a bossa nova, foi criado por jovens músicos do Rio de Janeiro. Era um tipo de samba mais suave e pausado, diferente do tradicional, com influências do *jazz* norte-americano. O outro veio dos Estados Unidos – o *rock'n'roll*, um ritmo acelerado, tocado em guitarra elétrica, contrabaixo e bateria, e um tipo de dança que revolucionou os padrões da época. Com a TV e o cinema, a cultura do *rock* se espalhou pelo mundo, mudando as formas de tocar, cantar, dançar, se vestir e viver de adolescentes e jovens.

Associated Press/Agência Estado

O jogador Pelé (10), da seleção do Brasil, senta na grama depois de marcar o quarto gol do Brasil sobre a Suécia durante a partida válida pela final da Copa do Mundo de Futebol de 1958, realizada no Estádio Rasunda, em Estocolmo, Suécia, em 29 de junho de 1958. O Brasil venceu por 5 a 2.

Arquivo/Agência Estado

Rio de Janeiro, RJ, década de 1960. O poeta Vinicius de Moraes (à esquerda) e o músico Tom Jobim, parceiros de muitas canções da bossa nova.

Everett Collection/AGB Photo

O ator James Dean (à direita, de camisa branca) em **Juventude transviada** (*Rebel without a cause*), filme norte-americano de 1955, dirigido por Nicholas Ray.

ATIVIDADES

Discuta com os colegas:

a) Você conhece alguma música da bossa nova ou do *rock*?

b) Quem compôs, toca ou interpreta essa música?

c) Você sabe cantar um trecho da letra?

DE JUSCELINO AO GOLPE DE 1964

O GOVERNO JK

Na década de 1950 não foram só as mudanças culturais que transformaram o Brasil. Na política, a eleição do mineiro Juscelino Kubitschek foi um fator decisivo. Ele assumiu a Presidência em 1956.

Arquivo/Agência Estado

Nesta foto de junho de 1959, o presidente Juscelino Kubitschek (no centro, de chapéu) caminha entre grupo, com o prédio do Senado em construção ao fundo. Brasília, Distrito Federal.

Durante seu governo, JK, como ficou conhecido, implantou o Programa de Metas. E o que era esse programa? Eram 30 alvos para resolver diferentes problemas e necessidades do Brasil. O objetivo do governo de JK era promover o crescimento rápido do país. Esse objetivo se expressava no lema “50 anos em 5”.

As metas do governo JK diziam respeito a setores como energia, alimentação, transporte, industrialização, educação, entre outros. Kubitschek e sua equipe estimularam a instalação de empresas estrangeiras no Brasil. Diferentes indústrias com sede nos Estados Unidos e na Europa passaram a fabricar ou montar seus produtos no Brasil.

Com isso, alguns produtos, como eletrodomésticos e eletrônicos, ficaram mais baratos e acessíveis. E que mudanças isso trouxe? Criou-se um novo padrão de vida para as classes média e alta, especialmente nas grandes cidades.

Por outro lado, a população enfrentou problemas, como o aumento do custo de vida. Isso ocorreu principalmente por causa dos gastos do governo com o Programa de Metas e com a construção de Brasília, a nova capital.

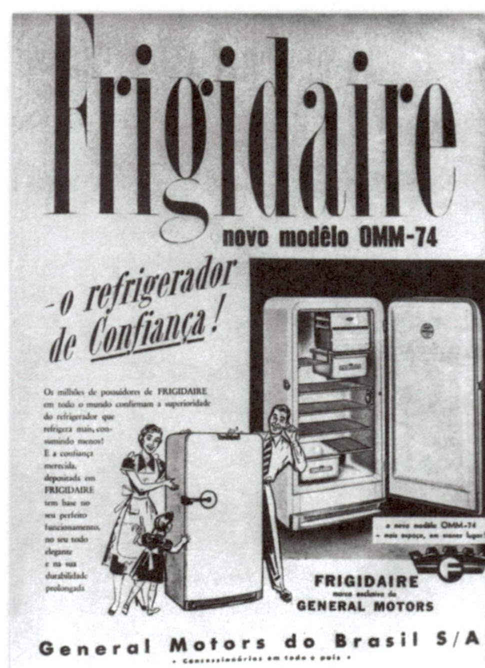

Revista O Cruzeiro/Reprodução

Anúncio da década de 1950. O governo JK continuou a promover a industrialização do país, como o de Getúlio Vargas, mas com estímulo ainda maior à entrada de empresas estrangeiras. O consumo de eletrônicos e eletrodomésticos cresceu nas décadas de 1950 e 1960 nas cidades brasileiras.

A CONSTRUÇÃO DE BRASÍLIA

Até abril de 1960 a capital do país era a cidade do Rio de Janeiro. Durante o governo de Juscelino Kubitschek foi construída uma nova capital, Brasília, no centro do Brasil, em Goiás. O projeto da nova capital foi desenvolvido pelo urbanista Lúcio Costa e pelo arquiteto Oscar Niemeyer.

Leia ao lado o que a escritora Ana Miranda comentou sobre a arquitetura de Brasília. Ela tinha quatro anos quando sua família deixou Fortaleza para acompanhar o pai, convidado a trabalhar na construção da nova capital.

> O Oscar Niemeyer criou formas que nunca tinham sido feitas antes em cidades, pareciam mesmo um sonho: o palácio da Alvorada com suas colunas, a catedral que leva os nossos olhos até o céu, o Congresso com as duas metades da lua, uma virada para cima e outra para baixo, como se fosse para dizer que tudo tem dois lados e um não existe sem o outro. O Oscar gostava muito das formas curvas, e usava o concreto, que antes era usado para fazer formas retas. Não usava só o concreto: usava imaginação e poesia.
>
> **Flor do cerrado: Brasília**, de Ana Miranda. São Paulo: Companhia das Letrinhas, 2006.

Construir a nova capital do país exigiu grande número de trabalhadores. Em Brasília eles eram chamados de candangos. Milhares de pessoas vindas de diferentes partes do país participaram das obras. Vinham sobretudo do Nordeste, fugindo das péssimas condições de vida e trabalho e das secas que atingiram a região na década de 1950. Muitos desses migrantes permaneceram na região após o término da obra, mas viviam em condições difíceis, nas chamadas cidades-satélites.

cidades-satélites: núcleos urbanos localizados em torno de Brasília, como Taguatinga, Ceilândia, Sobradinho, etc.

Brasília foi construída em apenas três anos e inaugurada no dia 21 de abril de 1960. Na época da inauguração, a nova capital já estava integrada ao país: estradas abertas em ritmo acelerado ligavam a cidade a Belo Horizonte, Goiânia, Belém, Fortaleza e Rio Branco.

Eugênio Silva/O Cruzeiro/EM/D.A Press

Em foto de janeiro de 1959, candangos trabalham nas obras de construção da nova capital, Brasília.

R.M. Nunes/Shutterstock/Glow Images

Congresso Nacional, Brasília, DF, em foto de 2013.

JÂNIO E JANGO

O sucessor de Juscelino Kubitschek na Presidência foi Jânio Quadros, escolhido por voto popular nas eleições de 1960. Seu vice-presidente, João Goulart, mais conhecido como Jango, também foi eleito pela população. Você sabia que naquele tempo o vice-presidente era eleito em votação separada?

EXTRA 3ª FOLHA DE S. PAULO ★ EXTRA

Um Jornal a serviço do Brasil

JANIO RENUNCIOU

RANIERI MAZZILLI ASSUMIU O GOVERNO

O TEXTO DA RENUNCIA

MENSAGEM DE ARINOS

Imprensa anuncia a renúncia de Jânio no dia 25 de agosto de 1961.

O governo de Jânio Quadros teve alguns meses de duração. O presidente renunciou em agosto de 1961. Não se sabe com certeza os motivos da renúncia de Jânio. Alguns acreditam que ele esperava uma movimentação popular a seu favor, o que não aconteceu.

A renúncia de Jânio Quadros após apenas sete meses de governo deixou a nação em dúvida quanto ao futuro político do país.

Jango estava em viagem à China quando Jânio renunciou. Enquanto ele não voltava ao país, o presidente da Câmara dos Deputados assumiu o governo. Grupos políticos mais conservadores queriam impedir que Jango tomasse posse, pois ele apoiava os sindicatos e os trabalhadores.

Apesar disso, Jango assumiu a Presidência graças à mobilização de grupos favoráveis a ele.

Câmara dos Deputados: junto com o Senado, a Câmara dos Deputados forma o Poder Legislativo do país, ou seja, o órgão que pode aprovar e alterar as leis do Brasil.

DO FIM DO ESTADO NOVO AO GOLPE MILITAR

1945	1946	1951	1954	1955
Fim do Estado Novo	Eurico Gaspar Dutra é eleito presidente do Brasil. Nova Constituição é aprovada.	Getúlio Vargas ocupa novamente a Presidência da República. Criação da Petrobras (exploração do petróleo). Atentado ao opositor de Getúlio, Carlos Lacerda. Getúlio é pressionado a renunciar e se suicida em 1954.	Café Filho assume a Presidência após suicídio de Vargas.	

As propostas do governo de João Goulart foram resumidas em suas **Reformas de Base**. Você sabe quais eram elas?

No campo, ele queria desapropriar as terras onde nada era plantado. Jango desejava entregá-las aos trabalhadores que não tinham terra para cultivar. Nas cidades, ele queria resolver a falta de moradias por meio de reformas urbanas.

desapropriar: tornar uma propriedade privada algo público.

Forças Armadas: conjunto das forças de defesa de um país. No Brasil, fazem parte das Forças Armadas a Marinha, o Exército e a Aeronáutica.

O GOLPE MILITAR

As propostas de mudanças defendidas por Jango não foram bem aceitas por parte da sociedade brasileira, especialmente os grupos ligados às Forças Armadas e políticos mais conservadores. Parte da classe média e da Igreja católica também não aprovava as ideias de Jango. No dia 13 de março de 1964, um grande comício em favor das Reformas de Base foi realizado no Rio de Janeiro. A resposta dos conservadores veio no dia 19 de março, quando cerca de 500 mil pessoas se reuniram na praça da Sé, em São Paulo, para a realização de uma passeata contra o governo de João Goulart, acusado de promover desordem no país. Essa manifestação ficou conhecida como Marcha da Família com Deus pela Liberdade.

Na noite de 30 de março de 1964, o general Olympio Mourão Filho, com o apoio do governador de Minas Gerais, Magalhães Pinto, forçou João Goulart a deixar a Presidência. Iniciava-se o período da ditadura militar no Brasil.

Domício Pinheiro/Agência Estado

Rio de Janeiro, RJ. Centenas de pessoas carregando faixas e placas de apoio chegam ao comício na Central do Brasil, organizado pelo então presidente João Goulart, o Jango. Esse comício, no qual foram defendidas as Reformas de Base, teria sido um dos motivos do golpe militar de 1964.

Janeiro 1961 – Agosto 1961: Jânio Quadros assume como presidente da República. Renuncia em agosto de 1961. Seu vice, João Goulart (Jango), assume o governo do país.

1956: Juscelino Kubitschek assume a Presidência do Brasil. Plano de Metas: crescimento econômico e desenvolvimento do país. Metas para energia, alimentação, transporte, industrialização, educação. Lema: "50 anos em 5". Construção de Brasília, a nova capital do país.

Agosto de 1961 – Março de 1964: João Goulart, o Jango, ocupa a Presidência. Jango era ligado aos trabalhadores e sindicatos. Tem a oposição dos militares e dos partidos mais conservadores.

Março de 1964: Golpe militar derruba João Goulart. Início do período que chamamos de ditadura militar.

1956 — 1961 — 1964

ATIVIDADES DO CAPÍTULO

1. Em seu caderno, escreva as frases que apresentam informações corretas.

a) Depois do rádio, a televisão foi um dos eletrodomésticos que mais se popularizou nas décadas de 1950 e 1960.

b) Os primeiros televisores eram muito baratos.

c) De início, os programas que mais faziam sucesso na TV eram as novelas.

d) O público gostava de ver na televisão os artistas que antes só ouvia no rádio.

2. Discuta com os colegas: Em sua opinião, existem profissões que são mais adequadas para mulheres e outras para homens? Por quê?

____

____

3. Em seu caderno, faça um resumo do que você aprendeu sobre as décadas de 1950 e 1960 em relação aos seguintes temas:

a) cinema b) futebol c) música

4. Responda às questões:

a) Quais foram as principais características do governo de Juscelino Kubitschek?

____

____

____

____

b) Qual foi o significado da construção de Brasília para o governo JK?

____

____

____

c) O que eram as Reformas de Base de João Goulart?

____

____

____

5. Leia o depoimento do arquiteto Oscar Niemeyer sobre a construção de Brasília e observe a fotografia do Palácio da Alvorada. Depois, faça as atividades propostas.

> Procurei [...] formas novas, que surpreendessem pela sua leveza e liberdade de criação. Formas que não se apoiassem no chão, rígidas e estáticas [...], mas que mantivessem os palácios como que suspensos, leves e brancos, nas noites sem fim do Planalto.
>
> **Nosso século**: 1945-1960. São Paulo: Abril Cultural, 1980. p. 216.

João Prudente/Pulsar Imagens

Fachada do Palácio da Alvorada, residência oficial da Presidência da República, Brasília, DF. Foto de 2015.

a) Relacione o texto à foto: as ideias expostas pelo arquiteto estão presentes na construção retratada? Dê exemplos que justifiquem a sua resposta.

____

____

____

____

b) Como seria uma cidade construída por você? Responda no caderno por meio de um texto ou de um desenho.

ENTENDER O TEMPO HISTÓRICO

As fotografias a seguir, de autoria do fotógrafo alagoano Augusto Malta (1864--1957), retratam três cenas da cidade do Rio de Janeiro no início do século 20.

Augusto Malta/Acervo Iconographia

Cortiço na cidade do Rio de Janeiro no início do século 20.

Coleção Gilberto Ferrez, Rio de Janeiro, RJ.

Avenida Central, no Rio de Janeiro, em 1910.

Arquivo Geral da Cidade do Rio de Janeiro, RJ.

Morro do Pinto, no Rio de Janeiro, em 1912.

a) Descreva o tipo de moradia retratado na imagem 1.

b) Descreva as construções e o espaço retratados na imagem 2.

c) Descreva o local e as moradias retratados na imagem 3. Como são as casas, do que são feitas, onde estão localizadas?

d) Como são as pessoas que aparecem no lugar mostrado na imagem 3?

e) Como você acha que foi a construção da avenida mostrada na imagem 2? O que foi feito para que se abrisse essa avenida?

LER E ENTENDER

Agora você vai observar a primeira página de um jornal e as manchetes, isto é, os títulos principais, escritos em letras maiores.

Em sua casa, as pessoas costumam ler jornal? Se sim, que página ou caderno cada um gosta de ler primeiro? Se as pessoas não leem jornal, como se informam dos acontecimentos diários?

Veja abaixo a primeira página de um jornal publicado em 1956. Na sua opinião, o jornal dessa época é parecido com um jornal atual? O que é diferente?

caderno: cada uma das partes separadas de um exemplar de jornal, formada por folhas dobradas, e que em geral contém matérias de uma determinada seção ou editoria (caderno de cultura, caderno de esporte, etc.).

ANALISE

Memorial do Imigrante, São Paulo, SP.

FOLHA PORTUGUESA

PORTA-VOZ DA COLÔNIA PORTUGUESA DO BRASIL

EQUIPARARIA OS DIREITOS DE PORTUGUESES E BRASILEIROS SE LEGISLADOR FEDERAL

DEFINIÇÃO...

A "FOLHA PORTUGUESA" AO LADO DO CAMPEONÍSSIMO:

Vamos Dar ao Futebol Clube do Porto as «Faixas de Campeão»

UM SONHO TORNADO REALIDADE

Constituída a Associação Interafricana de Café

Casa do Porto

Expressiva Homenagem à CASA DE PORTUGAL

«Pretendo Radicar-me no Brasil Pois Aqui Tenho Conseguido Êxito em Todas as Minhas Atividades»

PORTUGUESES DE SÃO PAULO 31 DE MARÇO no Teatro Colombo Ao Festival Artístico da FOLHA PORTUGUESA

Portugal x Turquia

Belezas de Portugal

Assoc. Portuguesa do Canadá

LOUSÃ

A ASSEMBLÉIA NACIONAL APRECIA A LEI QUE CRIA AS CORPORAÇÕES

DESPORTOS Em Portugal PORTO 3 X CALDAS 3

A FOLHA PORTUGUESA circulará às quartas e sábados

Jornal **Folha Portuguesa**, de 1956.

1. Responda no caderno:

a) Qual é o nome desse jornal?

b) Em que ano e país ele foi publicado?

c) Para quem esse jornal foi produzido, ou seja, qual é o público dessa publicação?

d) Com base em que informação você respondeu à questão **c**?

e) Em quais dias da semana esse jornal era publicado?

2. Explore a primeira página do jornal **Folha Portuguesa**:

a) Registre abaixo manchetes relacionadas aos cadernos de esporte, cultura, economia e política.

b) Por que algumas manchetes foram escritas com letras maiores do que outras?

c) Que matéria desse jornal você leria em primeiro lugar? Por quê?

3. Com base na exploração da primeira página do jornal, explique para que ela serve.

RELACIONE

4. O jornal pode ser considerado um documento histórico de uma época? Por quê?

5. Qual era o objetivo do jornal **Folha Portuguesa**?

O QUE APRENDI?

Agora é hora de retomar as discussões e organizar o que foi possível aprender sobre o Brasil republicano.

1. Retome as questões que foram apresentadas na abertura desta Unidade. Discuta com os colegas e o professor como você responderia a elas agora.

2. No Capítulo 4 estudamos, entre outros aspectos, as reformas urbanas. Analise as imagens das cidades que aparecem nesta Unidade e compare-as com a cidade em que você vive hoje.

a) Quais semelhanças você identifica?

____

b) Quais as principais mudanças?

____

c) Na sua opinião, que motivos desencadearam essas mudanças?

____

____

3. No Capítulo 5 estudamos a Era Vargas. Faça um quadro no caderno com as principais mudanças que ocorreram nesse período nas esferas política, social e cultural.

4. No Capítulo 6, estudamos o golpe militar de 1964, que deu início à ditadura no Brasil. Converse com pessoas que viveram nesse período (avós, tios, conhecidos) e peça que falem sobre o que se lembram dessa época. Depois, registre no caderno um resumo do que você descobriu.

AUTOAVALIAÇÃO

Agora você vai pensar sobre como tem feito suas tarefas de casa.

Assinale os quadrinhos abaixo de acordo com suas atitudes e comportamentos.

Em seguida, escreva seus comentários e suas opiniões sobre as tarefas de casa. Por exemplo: se há tempo suficiente para fazer o que é pedido; se você acha que sobra tempo para brincar; ou qualquer outra coisa que você queira discutir com o professor e os colegas.

Por fim, converse com o professor e os colegas sobre as respostas, para que todos possam entender como cada um pode melhorar.

Minha lição de casa	Sim	Às vezes	Quase nunca
• Reservo um tempo para fazer a lição.			
• Escolho um lugar calmo para estudar.			
• Desligo o celular e outros aparelhos.			
• Faço as tarefas com atenção e cuidado.			
• Entrego as lições no dia combinado.			
• Quando tenho alguma dúvida, peço ajuda em casa ou pergunto na sala de aula.			

MEUS COMENTÁRIOS

UNIDADE 3

A BUSCA PELA DEMOCRACIA

Na tarde de 25 de janeiro de 1984, o centro da cidade de São Paulo foi palco de um momento importante da história do Brasil, quando cerca de 300 mil pessoas se reuniram na Praça da Sé para um comício pelas Diretas Já.

Mauricio Simonetti/Pulsar Imagens

- Você já viu essa imagem ou imagens parecidas com essa?
- Já ouviu falar do movimento Diretas Já?
- Você acredita que no Brasil sempre foi permitido fazer manifestações populares?
- O número de pessoas presentes nessa manifestação indica alguma coisa para você? O quê?

CAPÍTULO 7

A DITADURA MILITAR

O GOVERNO

Como vimos na unidade anterior, com o golpe de 1964, João Goulart foi deposto da Presidência. Nesse momento, os militares assumiram o governo do Brasil. E o que aconteceu nesse período que durou 21 anos?

Logo de início, os militares tomaram algumas medidas que limitavam a liberdade das pessoas:

- As greves e as manifestações foram proibidas.
- Os partidos políticos que existiam foram eliminados.
- Dois novos partidos foram criados: a Arena (Aliança Renovadora Nacional), favorável ao governo, e o MDB (Movimento Democrático Brasileiro), contrário ao governo.
- A censura, exame crítico de obras literárias e artísticas, foi imposta aos jornais, programas de rádio e TV, cinema, teatro, etc.
- Na educação houve várias mudanças. Foram criadas as disciplinas de Educação Moral e Cívica (EMC) e Organização Social e Política Brasileira (OSPB). Por meio delas, o governo procurava difundir o nacionalismo e o civismo entre os estudantes. Muitos professores que estimulavam seus alunos a refletir e a desenvolver um olhar crítico sobre a sociedade e o governo foram perseguidos.

civismo: dedicação à pátria; patriotismo.

nacionalismo: exaltação dos valores nacionais e do Estado como sistema ideal, merecedor de lealdade total por parte dos cidadãos.

Arquivo/Agência Estado

Em São Paulo, SP, a polícia agride manifestante. Foto sem data.

Você sabia que durante a ditadura a população não podia escolher seus representantes por meio do voto? Já ouviu falar em eleições indiretas?

Leia o texto a seguir.

Embora no Brasil a tradição democrática tenha eleito dezenove presidentes, por oito ocasiões foram realizadas eleições indiretas desde a proclamação da República. Nas eleições indiretas, a população não possui direito ao voto. Os representantes são escolhidos por um colégio eleitoral, constituído por uma assembleia fechada.

Instalada a República, Marechal Deodoro da Fonseca, líder do movimento militar republicano, assumiu provisoriamente a presidência da República e foi eleito presidente, pelo Congresso, em eleição indireta, realizada em 25 de fevereiro de 1891, pela Assembleia Constituinte. Foi, entretanto, no recente período da ditadura militar, iniciado em 1964, que as eleições indiretas tornaram-se uma prática.

Tribunal Superior Eleitoral. Disponível em: <www.turminha.mpf.mp.br/eleicoes/turminha-nas-eleicoes-2012/voce-sabia/voce-sabia-eleicoes-indiretas>. Acesso em: mar. 2016.

Veja na linha do tempo abaixo quem foram os presidentes do Brasil durante a ditadura militar.

Marechal Castelo Branco 1964-1967	Marechal Costa e Silva 1967-1969	General Emílio Médici 1969-1974	General Ernesto Geisel 1974-1979	General João Figueiredo 1979-1985

ATIVIDADES

1 Como eram feitas as eleições para a Presidência da República durante o regime militar?

2 Por meio de quais medidas os governos militares limitaram a liberdade das pessoas?

3 Que mudanças ocorreram na educação durante o governo dos militares?

4 Discuta com os colegas o que é diferente entre o ensino durante o regime militar e o ensino atualmente.

A REPRESSÃO

Durante a ditadura militar, muitas pessoas se colocavam contra o governo. Você sabe o que acontecia com elas?

Para os militares, as críticas e as manifestações de descontentamento com o governo eram vistas como ameaças ao regime e à ordem. Por isso, deveriam ser reprimidas, fazendo-se uso da lei ou da violência.

O governo militar exercia seu poder por meio de decretos que não eram submetidos à aprovação do Congresso Nacional. Eles eram conhecidos como **Atos Institucionais**. Ao longo da ditadura militar, muitos deles foram proclamados.

No quadro abaixo, você pode ver as principais medidas estabelecidas por alguns desses atos.

> Abril de 1964 – Ato Institucional nº 1: dava poder ao presidente da República para suspender os direitos políticos dos cidadãos e cassar mandatos dos deputados, senadores, etc.
>
> Outubro de 1965 – Ato Institucional nº 2: acabava com os partidos políticos existentes.
>
> Dezembro de 1968 – Ato Institucional nº 5: dava mais poderes ao presidente da República, como o poder de colocar em recesso o Congresso Nacional e as Assembleias Legislativas estaduais, cassar mandatos eletivos, suspender direitos políticos, demitir ou aposentar juízes e funcionários.

eletivos: que foram eleitos.
recesso: neste caso, suspensão das atividades.

Durante a ditadura no Brasil, os manifestantes eram perseguidos pela Polícia Militar. Na foto, policiais reprimem manifestação de estudantes no Rio de Janeiro, em 1968.

Evandro Teixeira/Agência Jornal do Brasil

O Ato Institucional nº 5 (AI-5), lançado pelo governo em dezembro de 1968, visava conter os movimentos de resistência ao governo militar. Por meio do AI-5, foram retirados os direitos individuais dos cidadãos. A partir de então, as pessoas poderiam ser presas sem que se apresentasse motivo para isso e os seus bens confiscados pelo governo.

No plano político, o AI-5 dava plenos poderes ao presidente, que podia interferir nos governos dos estados e municípios e interromper as atividades no Congresso Nacional.

Muitas pessoas foram presas e torturadas por serem vistas como opositoras ao governo. Algumas delas desapareceram sem nenhuma explicação. Entre os cidadãos contrários ao regime militar havia estudantes, professores, artistas, operários, trabalhadores rurais e políticos. Para contornar as proibições, as pessoas se reuniam em segredo a fim de programar ações de combate ao regime militar.

jornal da tarde
O ESTADO DE S. PAULO
NCr$ 0,25

As aventuras de um jornal que ia sair às ruas

BRASIL ENTRA NO 5.º ATO

O presidente Costa e Silva pode decretar a intervenção federal nos Estados e municípios, suspender funcionários civis e militares de suas funções, promover o confisco de bens ilicitamente adquiridos, cassar mandatos, suspender direitos políticos. O presidente Costa e Silva já decretou o recesso do Congresso Nacional, suspendeu as prerrogativas da magistratura e o direito de concessão de habeas-corpus para crimes políticos. Desde as 21h50 de ontem, vigora no Brasil o Ato Institucional Número 5

CONGRESSO ENTRA EM RECESSO

"Quando deixarmos esta Casa, ela se transformará em apenas um prédio". O presidente da Câmara, José Bonifácio Lafayette de Andrada, ouvia e obedecia à ordem de recesso do Ato Complementar n.º 38. Geraldo Freire, o líder em exercício da Arena, saiu abatido, sem querer falar; Gastone Righi, do Mdb, ameaçado de prisão, saiu despedindo-se de todos. Com o Congresso em recesso, o presidente pode fazer as leis; e o Congresso só voltará a funcionar se o presidente Costa e Silva quiser. Página 10

ENTRE OS PRESOS, JUSCELINO

Vários prisões foram efetuados ontem: Juscelino Kubitschek saiu prêso ontem do Teatro Municipal, no Rio. O DOPS cercou as embaixadas para evitar que alguém peça asilo ou se refugie. Outros detidos: o deputado Hélio Navarro, o escritor Carlos Heitor Cony, Hélio Fernandes, Tenório Cavalcanti, o ex-governador Rafael de Almeida Magalhães. O jornalista Oswaldo Peralva, do "Correio da Manhã", foi prêso depois que os agentes arrombaram as portas do jornal. As prisões estão na página 11

Arquivo/Agência Estado

Na primeira página do **Jornal da Tarde**, notícia da decretação do AI-5, em dezembro de 1968.

A CENSURA

Artistas de diferentes áreas demonstravam sua insatisfação por meio da música, do teatro, das artes plásticas, da poesia. Muitos deles foram exilados por serem considerados opositores ao governo.

Os jornais e revistas eram submetidos à censura antes da publicação. Nas redações de jornais como **O Pasquim**, **Jornal da Tarde**, **O Estado de S. Paulo** e **Tribuna da Imprensa**, um censor lia as notícias antes da publicação para impedir críticas ao governo. O que não podia entrar era riscado ou carimbado com a palavra "vetado"; expressões como "tortura" e "golpe" eram cortadas.

Para driblar a censura, os jornais recorriam à ironia e ao humor. As charges e os cartuns comunicavam muita coisa que as matérias não podiam dizer e passavam pela censura mais facilmente que os textos. Outra forma indireta de protesto era publicar uma receita culinária ou deixar em branco o espaço de uma notícia cortada pela censura. Ao ver aquilo, os leitores entendiam que algo havia sido censurado.

exilados: nesse contexto, pessoas obrigadas a deixar o país por não concordarem com a ditadura militar.

ATIVIDADES

Discuta com os colegas:

a) O que é censura para você?

b) Você acha que existe censura hoje em dia?

RESISTÊNCIA POPULAR E MANIFESTAÇÕES CULTURAIS

Em maio de 1968 uma série de greves estudantis irrompeu em escolas e universidades de Paris. A tentativa do governo de reprimir as greves com ações policiais provocou o aumento progressivo do conflito, que culminou numa greve geral de estudantes e trabalhadores em toda a França. Os protestos reivindicavam mudanças na educação, nos costumes, na política. Manifestações semelhantes logo se espalharam pela Europa e pelos Estados Unidos.

Fondation Gilles CARON/Gamma-Rapho/Getty Images

Manifestação estudantil em Paris, em maio de 1968.

Em todo o mundo os jovens lutavam por mais liberdade; no Brasil, protestavam contra o governo militar. No dia 26 de junho de 1968, aconteceu na cidade do Rio de Janeiro a Passeata dos Cem Mil, organizada pelo movimento estudantil depois da invasão do restaurante universitário Calabouço. Nessa invasão, a Polícia Militar matou o estudante Edson Luís de Lima Souto, de 18 anos, com um tiro no peito.

Nas passeatas e manifestações de protesto, as pessoas levavam faixas e cartazes com dizeres como "Abaixo a ditadura", "Abaixo a repressão". Elas também cantavam e seguiam o caminho de mãos dadas, formando um cordão humano.

A polícia reprimia com violência essas manifestações. Era comum o uso da cavalaria para espalhar a multidão. Havia também carros blindados, chamados de "brucutus", que jogavam jatos de água contra os manifestantes. Estes revidavam com pedaços de pau, pedras e o que mais estivesse ao alcance.

Arquivo/Folhapress

Passeata dos Cem Mil, manifestação organizada pela União Nacional dos Estudantes (UNE) contra o governo militar, na cidade do Rio de Janeiro. Pouco antes da passeata, estudantes, intelectuais e manifestantes de outros setores da sociedade reuniram-se diante do edifício da Assembleia Legislativa, onde ouviram os primeiros discursos.

Além das passeatas, havia outras formas de mostrar o descontentamento da população com o governo. E isso era feito principalmente por meio da arte.

Em setembro de 1968, os protestos marcaram várias composições apresentadas no III Festival Internacional da Canção. A canção "Para não dizer que não falei das flores", de Geraldo Vandré, classificada em segundo lugar, tornou-se conhecida como hino contra a repressão política. Na etapa paulista do Festival, Caetano Veloso foi vaiado no Teatro Tuca quando cantou com Os Mutantes a canção "É proibido proibir", de sua autoria.

Kioshi Araki/Agência Estado

Em 12 de setembro de 1968, Caetano Veloso, durante a primeira eliminatória do III Festival Internacional da Canção, no Teatro Tuca, na cidade de São Paulo, chamou o cantor Johnny Dandurand, da banda The Sounds, para participar da canção "É proibido proibir", que foi vaiada pelo público. Três dias depois, em nova eliminatória, Caetano seria ainda mais vaiado pelo público. Na ocasião ele interrompeu a música e acusou a juventude local de não entender nada.

O PODER DA ARTE

Antes de 1968, enquanto a censura ainda não era tão rigorosa, os festivais de música na televisão alcançaram muito sucesso. Você sabia que grandes nomes da música brasileira surgiram nesses festivais? Entre eles estavam Elis Regina, Caetano Veloso, Edu Lobo, Gilberto Gil e Chico Buarque.

No entanto, à medida que o regime militar foi ficando mais duro, a censura às atividades culturais aumentou. *Shows* e peças de teatro passaram a ser censurados, cortados e cancelados. Em novembro de 1972, por exemplo, em um *show* no Teatro Castro Alves, em Salvador, Caetano Veloso e Chico Buarque não cantavam as partes das letras que tinham sido cortadas pela censura. A plateia, porém, conhecia as canções e cantava junto, completando o que faltava.

Arquivo/Agência Estado

Elis Regina no III Festival de Música Popular Brasileira, no Teatro Paramount. Foto de 1967.

Arquivo/Agência Estado

Em 19 de março de 1970, o cantor e compositor Chico Buarque é recebido com festa em seu desembarque em aeroporto no Rio de Janeiro, ao voltar ao Brasil após exílio na Itália. Na foto, Chico segura bandeira do Fluminense, clube do qual é torcedor.

Chico Buarque foi um grande crítico da ditadura. Nas letras de suas canções, muitas palavras tinham duplo sentido. Leia a seguir um trecho da canção "Apesar de você", lançada em 1970.

Hoje você é quem manda
Falou, tá falado
Não tem discussão
A minha gente hoje anda
Falando de lado
E olhando pro chão, viu
[...]
Apesar de você
Amanhã há de ser
Outro dia

A letra fala de alguém que manda, que exerce o poder, e não admite discussão. Sob esse poder, as pessoas andam "falando de lado", isto é, sem falar abertamente, e "olhando pro chão". Entretanto, a letra afirma que o futuro será diferente, será "outro dia". A canção se tornou um grande sucesso, estourou nas rádios e nas paradas. Mas em 1971 foi proibida pela censura no governo do general Médici e liberada só oito anos mais tarde, durante o governo Geisel.

Além dos *shows* de música, o cinema e o teatro eram alvos da censura. Policiais vestidos com roupas comuns se misturavam ao público para vigiar o espetáculo. Se achassem que havia críticas ao regime militar, eles entravam em cena e proibiam a apresentação.

J. Ferreira da Silva/Arquivo da editora

Wanderléa, Roberto Carlos e Erasmo Carlos cantando no Programa **Jovem Guarda**, em 1967.

O teatro foi uma das formas mais importantes de resistência contra a ditadura militar. Muitas peças foram criadas e encenadas nesse período. Entre as principais estão:

- **Opinião**, de Oduvaldo Vianna Filho, Armando Costa e Paulo Pontes (1964);
- **Arena conta Zumbi**, de Augusto Boal e Gianfrancesco Guarnieri (1965);
- **Roda Viva**, de Chico Buarque (1968);
- **Rasga Coração**, de Oduvaldo Vianna Filho (1974);
- **Ópera do Malandro**, de Chico Buarque (1979).

Em uma das apresentações da peça **Roda Viva**, em São Paulo, em 1968, o teatro foi invadido. Pessoas de um grupo favorável ao governo quebraram o cenário e agrediram os atores. A peça foi censurada logo depois e seu autor partiu para o exílio na Itália.

Na época também havia movimentos culturais que não eram tão incomodados pela censura. Um exemplo era o programa de televisão **Jovem Guarda**, que fazia muito sucesso. A jovem guarda era formada por cantores como Roberto Carlos, Wanderléa, Martinha, Erasmo Carlos. Eles tocavam *rock'n'roll*, com letras que falavam de amor e aventura. Por isso, suas músicas não eram censuradas.

Gonçalves/Agência Jornal do Brasil

Artistas em passeata contra a censura, em 13 de fevereiro de 1968, no Rio de Janeiro. Da esquerda para a direita: Eva Todor, Tônia Carrero, Eva Wilma, Leila Diniz, Odete Lara e Norma Bengell.

ATIVIDADES DO CAPÍTULO

1. Responda às questões abaixo:

a) Como os estudantes brasileiros expressavam sua insatisfação durante os primeiros anos da ditadura militar?

b) Quais foram as medidas tomadas pelos governos militares para conter as manifestações políticas?

c) O que eram os Atos Institucionais?

2. Explique o significado de:

Passeata dos Cem Mil	
Ato Institucional nº 5	

3. Observe a imagem e depois responda:

Jaguar/Acervo do cartunista

Charge de Jaguar sobre a censura, de 19 de fevereiro de 1970.

a) Na sua opinião, de que modo a charge de Jaguar denuncia a censura e critica o regime militar?

b) Por que os militares estabeleceram a censura à imprensa e às manifestações culturais?

c) Como a censura afetou o trabalho dos artistas?

4. Procure pessoas próximas a você que tenham vivido no período da ditadura e faça uma entrevista sobre esse tema. Você pode aproveitar as perguntas abaixo ou elaborar outras que considere mais interessantes.

- Qual é o seu nome? Qual é a sua idade?
- Como era a sua vida durante o período da ditadura?
- Você se envolveu com a vida política na época?
- Você foi afetado pelos acontecimentos daquele período?

CAPÍTULO

8 A CAMINHO DA DEMOCRACIA

A LUTA PELA REDEMOCRATIZAÇÃO DO BRASIL

Durante o governo do general Emílio Garrastazu Médici, de 1969 até 1974, o Brasil se industrializou rapidamente e as cidades se desenvolveram. Isso aconteceu porque o governo investiu em grandes obras em áreas como energia e transporte, o que favoreceu o crescimento da economia. Por isso, esse período foi chamado de **milagre econômico**.

No entanto, havia problemas com esse rápido desenvolvimento. Você sabe por quê? Porque a economia cresceu com base em empréstimos pedidos para outros países. E os empréstimos geraram dívidas para o Brasil.

Além disso, os benefícios conseguidos nesse período não foram distribuídos igualmente entre todos os brasileiros. Ou seja, a desigualdade entre os ricos e os pobres aumentou.

Em razão desses fatores, no final do governo Médici o Brasil passava por dificuldades na economia. Além disso, uma crise econômica mundial impedia os países ricos de emprestar mais dinheiro ao Brasil.

No plano político também havia problemas, pois a repressão e a violência do governo aumentaram, fazendo crescer também o descontentamento na sociedade. Não era mais possível esconder as prisões, as torturas e os assassinatos dos oponentes da ditadura. Todos esses fatores contribuíram para enfraquecer o governo militar.

Andre Dusek/Agência Estado

Reprodução de cartaz do final da década de 1960 com os dizeres "Procura-se". As pessoas que agiam contra a ditadura militar eram procuradas como se fossem criminosas.

Foi nesse contexto que, em 1974, assumiu o poder o general Ernesto Geisel. No seu governo, teve início o processo de **abertura política**. Sobre isso, leia o texto abaixo.

> Com Geisel, iniciava-se um processo de "abertura" política, isto é, procurava-se conter os órgãos de repressão, permitir certa liberdade de imprensa e respeitar algumas manifestações populares.
>
> **A volta da democracia no Brasil 1984-1992**, de Marco Antonio Silveira. São Paulo: Saraiva, 1998. p. 5-6. (Coleção Que História é essa?)

conter: controlar.
gradual: aos poucos.
pluripartidarismo: existência de três ou mais partidos políticos.

A proposta do governo militar era fazer uma abertura política "lenta, gradual e segura" em direção à democracia. Com isso, o governo pretendia diminuir o descontentamento com o regime militar.

Em 1979, o general João Baptista de Oliveira Figueiredo foi indicado para a Presidência. Como parte da abertura política, ele restabeleceu o pluripartidarismo no mesmo ano em que assumiu o poder. Com essa mudança, cinco novos partidos se formaram:

- Partido Democrático Trabalhista (PDT), fundado por Leonel Brizola;
- Partido dos Trabalhadores (PT), fundado pelos trabalhadores do ABC paulista, com Luiz Inácio da Silva, o Lula, como presidente;
- Partido Trabalhista Brasileiro (PTB), fundado por Ivete Vargas;
- Partido do Movimento Democrático Brasileiro (PMDB), o antigo MDB;
- Partido Democrático Social (PDS), a antiga Arena.

Desses partidos, apenas o PDS era favorável ao governo; o PMDB, o PT, o PTB e o PDT eram partidos da oposição.

Juca Martins/Olhar Imagem

A oposição à ditadura cresceu durante o governo Geisel. Passeatas aconteciam em todo o Brasil, protestando contra o aumento do custo de vida, contra as medidas adotadas pelo governo ou pedindo mais liberdade. Na foto, manifestação do **Movimento contra a Carestia** na praça da Sé, em São Paulo, em 1978.

A ANISTIA POLÍTICA

anistia: neste caso, perdão concedido pelo governo aos acusados de crimes políticos.

redemocratização: volta à democracia.

Além do estabelecimento do pluripartidarismo, outro passo importante em direção à redemocratização do país foi a anistia aos presos e exilados políticos. Como isso aconteceu? A sociedade se movimentou para lutar pela anistia e foram organizadas passeatas que uniam diferentes grupos. O primeiro Comitê Brasileiro pela Anistia (CBA) foi criado em fevereiro de 1978, no Rio de Janeiro.

O CBA era um grupo formado por vários membros da oposição e por familiares de presos, mortos, desaparecidos e exilados políticos. Foram criados grupos do CBA em vários estados brasileiros, com o apoio da população.

Também lutaram pela anistia os movimentos de mulheres, de estudantes, alguns setores da Igreja, empresários e a população em geral. Ainda em 1978, o presidente Geisel aboliu o AI-5 e outras leis promulgadas durante o regime militar. Qual era seu objetivo? Alguns acreditam que ele queria diminuir a força que o movimento pela anistia ganhava.

Sobre a anistia, leia o texto ao lado.

> A Lei da Anistia Política foi promulgada em 1979, no governo do presidente João Baptista Figueiredo, para reverter punições aos cidadãos brasileiros que, entre os anos de 1961 e 1979, foram considerados criminosos políticos pelo regime militar. A lei garantia, entre outros direitos, o retorno dos exilados ao país, o restabelecimento dos direitos políticos e a volta ao serviço de militares e funcionários da administração pública, excluídos de suas funções durante a ditadura.
>
> Direitos do cidadão. Anistia política. Disponível em: <www.brasil.gov.br>. Acesso em: 10 jun. 2016.

Arquivo CB/D.A Press

Os movimentos e passeatas pela anistia exigiam que ela fosse ampla, geral e irrestrita, o que significava perdão a todos os envolvidos na luta contra a ditadura. Na foto, de 22 de agosto de 1979, pessoas assistem à votação do Projeto de Lei da Anistia, no Congresso Nacional, em Brasília, DF.

Os exilados começaram a voltar ao Brasil em 1979 e eram recebidos com muita alegria e emoção nos aeroportos do país. Esse foi um período de festa para os brasileiros.

A anistia foi um símbolo do final da ditadura e representava uma vitória contra o regime militar.

Quase três décadas mais tarde, em maio de 2012, foi criada a **Comissão Nacional da Verdade**, com a finalidade de apurar graves violações de Direitos Humanos ocorridas no Brasil entre 18 de setembro de 1946 e 5 de outubro de 1988. Essas investigações levantaram dados e fatos sobre diferentes períodos da história brasileira, inclusive sobre a ditadura militar.

U. Dettmar/Folhapress

Beneficiado pela Lei da Anistia, o político Leonel Brizola voltou ao Brasil em 1979.

ATIVIDADES

1 Converse com os colegas, depois faça o que se pede:

a) Faça uma lista dos acontecimentos políticos de 1979 destacados no texto.

____

____

____

b) Na sua opinião, por que esses acontecimentos foram importantes?

____

____

____

2 Em grupo com dois colegas, pesquisem na internet, em jornais ou revistas informações sobre a atuação da Comissão Nacional da Verdade. Depois, apresentem para a classe o resultado do trabalho do grupo.

DIRETAS JÁ E O FIM DA DITADURA

Na luta pela volta da democracia, um dos pontos mais importantes era o retorno das eleições. Em 1982, seguindo o processo de abertura política, houve eleições diretas para governadores. Entre os 22 governadores eleitos, dez eram de partidos da oposição.

Essa vitória e a insatisfação com o desemprego e a inflação levaram a oposição a criar o movimento pelo retorno das eleições diretas para presidente.

Em 1983, o deputado do PMDB Dante de Oliveira elaborou um projeto que propunha eleições diretas para presidente da República. A partir daí, iniciou-se a movimentação para a aprovação da lei pelo Congresso Nacional. Os partidos de oposição se uniram para formar uma frente de luta na campanha pelas "Diretas Já".

Nas ruas, o movimento pelas Diretas ganhava força com a organização de comícios. Neles, milhares de pessoas manifestavam o seu desejo de eleger diretamente o próximo presidente. A cor das Diretas era o amarelo, e a palavra de ordem dos comícios era: "Um, dois, três, quatro, cinco, mil, queremos eleger o presidente do Brasil".

comícios: reuniões públicas para apoiar uma causa ou um candidato.

eleições diretas: eleições nas quais o povo vota diretamente no candidato que escolheu.

Rolando de Freitas/Agência Estado

Apesar da intensa mobilização, o projeto não foi aprovado no Congresso. As eleições de 1985 aconteceram por meio de eleição indireta.

eleição indireta: eleição na qual o presidente e o vice-presidente da República são eleitos por um Colégio Eleitoral formado por deputados e senadores.

A Presidência foi disputada por Paulo Maluf, do PDS, e Tancredo Neves, do PMDB. Venceu Tancredo Neves, o candidato da oposição. Grande parte da população comemorou a vitória de Tancredo. As pessoas esperavam ansiosas por sua posse.

ATIVIDADES

- Converse com o professor e os colegas sobre a questão:
  - Qual é a importância de haver eleições para escolher nossos governantes?

O comício da praça da Sé, realizado em São Paulo em abril de 1984, reuniu mais de 1 milhão de pessoas. Foi organizado como forma de pressionar os congressistas a votar a favor da emenda Dante de Oliveira, que propunha as eleições diretas para presidente.

ATIVIDADES DO CAPÍTULO

1. Complete o quadro com as frases correspondentes.

- Retorno do pluripartidarismo e promulgação da Lei da Anistia.
- “Milagre econômico” alcançado por meio de empréstimos no exterior; aumento da repressão e da violência.
- Proposta de uma abertura “lenta, gradual e segura”.

Governo Médici	______________________
Governo Geisel	______________________
Governo Figueiredo	______________________

2. Marque **V** para as questões verdadeiras e **F** para as falsas.

- ☐ Com a abertura política, o governo pretendia diminuir o descontentamento em relação ao regime militar.
- ☐ A Lei da Anistia proibia os exilados de voltarem ao país.
- ☐ A emenda Dante de Oliveira foi aprovada no Congresso e as eleições de 1985 aconteceram de forma direta.
- ☐ Dos partidos surgidos com a volta do pluripartidarismo, apenas o PDS era favorável ao governo, sendo o PMDB, o PT, o PTB e o PDT partidos da oposição.

3. Explique a importância da mobilização da sociedade nas "Diretas Já".

4. Observe a charge a seguir e, depois, responda às questões:

Copyright: Ivan Cosenza de Souza (henfil@globo.com)

Nesta charge, Henfil, cartunista atuante nos movimentos sociais e políticos, critica os problemas sociais que o Brasil vivia no início da década de 1980.

a) Quem são os personagens representados na charge de Henfil?

b) A quais problemas sociais a charge se refere?

CAPÍTULO

9 A NOVA REPÚBLICA

O GOVERNO TANCREDO-SARNEY

Em 15 de janeiro de 1985, o mineiro Tancredo Neves foi eleito, em eleição indireta pelo Congresso Nacional, o primeiro civil presidente da República após a ditadura militar. Mesmo indireta, a eleição de Tancredo ajudou a superar a tristeza dos que haviam lutado na campanha das Diretas. Tancredo passou a simbolizar uma renovação. E você sabe por quê?

civil: cidadão que não é militar.
comoção: emoção.

Durante sua campanha, Tancredo prometeu pôr fim ao período comandado pelos militares e deu aos brasileiros novas perspectivas de liberdade para o país. A população esperava com ansiedade o dia 15 de março de 1985, quando Tancredo Neves assumiria a Presidência.

Daniel Augusto Jr/Pulsar Imagens

Porém, doze horas antes de tomar posse, Tancredo sentiu-se mal e foi hospitalizado. Após várias cirurgias, ele faleceu no dia 21 de abril. Em seu lugar assumiu o vice-presidente, José Sarney.

A morte de Tancredo Neves provocou comoção nacional. Milhares de pessoas saíram às ruas e acompanharam seu enterro.

José Sarney era um dos líderes de um partido que apoiou o regime militar. Isso trazia insegurança para a população: as pessoas temiam que o processo de redemocratização não continuasse.

No seu governo, Sarney teria ainda que resolver questões importantes e difíceis. O Brasil enfrentava uma forte crise econômica. Foram lançados diversos planos para tentar recuperar a economia do país, entre eles, o Plano Cruzado.

No dia 22 de abril de 1985, dois milhões de pessoas acompanharam o cortejo fúnebre de Tancredo Neves pelas ruas da capital paulista, do hospital até o Aeroporto de Congonhas, em São Paulo, SP. O enterro de Tancredo Neves em São João del Rei, MG, no dia 24 de abril de 1985, foi transmitido ao vivo pela televisão.

O Plano Cruzado congelou os salários e os preços das mercadorias por um ano. De início, as pessoas ficaram animadas e passaram a comprar mais.

Porém, com o aumento do consumo e o congelamento dos preços, houve um desabastecimento de produtos de primeira necessidade. Ou seja, o que a indústria produzia não era suficiente para atender à população. Com os produtos em falta, as pessoas passaram a estocar o que conseguiam comprar.

produtos de primeira necessidade: alimentos, itens de higiene pessoal, etc.

Os comerciantes que tinham mercadorias em estoque cobravam mais caro por elas. As donas de casa eram incentivadas pelo governo a denunciar os locais que fizessem isso. Eram as chamadas "fiscais do Sarney".

Continuava também o problema da desigualdade social. Ou seja, a grande diferença que existia entre o modo de vida dos ricos e o dos pobres.

Além de tudo isso, com o fim da ditadura, havia a necessidade de elaborar uma nova Constituição para o Brasil. Mas você sabe o que é Constituição? Isso é o que veremos a seguir.

Sivio Correa / Agência O Globo

Em supermercado da cidade de São Paulo, cartaz explica as prateleiras vazias. Foto de 14 de março de 1986.

ATIVIDADES

1 No caderno, complete as lacunas com as palavras corretas.

direta • indireta • civil • ditadura militar • democracia • Tancredo Neves • José Sarney • igualdade • desigualdade • eleição

A ▮▮▮▮ de Tancredo Neves foi feita de forma ▮▮▮▮.

Ele seria o primeiro ▮▮▮▮ a assumir como presidente da República após a ▮▮▮▮.

Com a morte de ▮▮▮▮, seu vice, ▮▮▮▮, assumiu a Presidência.

Durante o governo de Sarney, a ▮▮▮▮ social era grande.

2 O título deste capítulo, **A Nova República**, refere-se ao período que se inicia com a eleição indireta de Tancredo Neves para a Presidência. Converse com seus colegas:

a) Por que esse período ficou conhecido como Nova República?

b) Em quais aspectos ele se diferencia do período anterior? Em quais aspectos ele se assemelha?

A CONSTITUIÇÃO DE 1988

Afinal, o que é Constituição? É a lei máxima de um país. Nela estão reunidas todas as leis que dizem respeito à formação dos poderes públicos, à forma de governo, aos direitos e deveres dos cidadãos, etc.

Para discutir e elaborar as leis de uma Constituição, é necessário o trabalho de deputados e senadores. Os deputados e os senadores eleitos em 1986 fariam a nova Constituição. A reunião para elaborar e discutir as leis é o que chamamos de **Assembleia Constituinte**.

A Assembleia Constituinte tinha a função de garantir a manutenção das liberdades civis na nova Constituição. Isto é, deveria ser assegurada a liberdade de pensamento e de expressão, bem como a liberdade de imprensa, com o fim da censura. Também deveria ser garantida a livre organização de partidos políticos e a possibilidade de voto em eleições diretas. Esses temas eram fundamentais para efetivar o retorno à democracia.

Constituição brasileira

João Ramid/Arquivo da editora

A Constituição de 1988 pode ser considerada o auge de todo o processo de redemocratização brasileiro. Ela é a sétima versão na história da República.

Em 1986, o novo governo já foi marcado pela necessidade de um texto constitucional mais democrático e, em fevereiro de 1987, o deputado Ulysses Guimarães abriu as sessões da Assembleia Nacional Constituinte, composta por 559 congressistas.

Portal Brasil. Disponível em: <www.brasil.gov.br/governo/2010/01/constituicao>. Acesso em: 21 abr. 2016.

Depois de quase dois anos de trabalho, o presidente da Assembleia Constituinte, Ulysses Guimarães, apresenta a Constituição em 5 de outubro de 1988, em clima de festa e comemoração.

Foram muitos os debates entre os diferentes grupos políticos que estavam ali representando os cidadãos brasileiros. Ainda assim, a Constituição ficou pronta em 20 meses e foi promulgada em 5 de outubro de 1988.

Por ter uma grande quantidade de leis voltadas para a área social, a Constituição de 1988 foi considerada uma das mais avançadas na época. Ela ganhou o apelido de "Constituição Cidadã", dado pelo deputado Ulysses Guimarães.

área social: que interessa a todos os membros da sociedade, ou seja, medidas relativas à saúde, educação, moradia, etc.
promulgada: publicada.

Entre os avanços presentes na Constituição de 1988, estão:

- Eleições diretas para presidente, governadores, prefeitos, senadores, deputados e vereadores.
- Voto universal, isto é, todos os cidadãos brasileiros acima de 16 anos têm o direito ao voto. O voto é facultativo para os cidadãos entre 16 e 18 anos, para os analfabetos e para as pessoas acima de 70 anos.
- Os trabalhadores obtiveram conquistas, como a limitação da jornada de trabalho para 44 horas semanais, o seguro-desemprego, a licença-maternidade e a licença-paternidade.
- Fim da censura a emissoras de rádio e televisão, filmes, peças de teatro, jornais e revistas.
- Igualdade de direitos para os cidadãos, como liberdade para trabalhar, para expressar seu pensamento e liberdade religiosa.
- Garantia de demarcação de terras indígenas.
- Leis de proteção ao meio ambiente.

corrupção: vender ou comprar vantagens para si e para outros, em prejuízo do Estado e de sua população.

demarcação: determinação de limites.

facultativo: que não é obrigatório; opcional.

Apesar do avanço representado pela aprovação da Constituição, o governo Sarney foi marcado por corrupção, greves, conflitos no campo e na cidade e por problemas econômicos.

Em 1989, ao final do governo Sarney, foram realizadas as primeiras eleições diretas para a Presidência da República após a ditadura militar.

ATIVIDADES

- Com base no que você estudou até agora, discuta com os colegas:

Na sua opinião, por que os políticos e o povo comemoraram a promulgação da nova Constituição?

AS ELEIÇÕES DE 1989 E OS CARAS-PINTADAS

As eleições diretas entusiasmaram os brasileiros. Após 29 anos, era a primeira vez que as pessoas poderiam ir às urnas para eleger seu presidente. Houve muita participação e discussão em torno dos candidatos.

As eleições foram realizadas em dois turnos. Os dois candidatos que passaram para o segundo turno foram Fernando Collor de Mello, do Partido da Reconstrução Nacional (PRN), e Luiz Inácio Lula da Silva, do Partido dos Trabalhadores (PT).

Veja o que disse o sociólogo Herbert de Souza, o Betinho, ex-exilado político, em artigo que escreveu para o **Jornal do Brasil** na época, relatando a emoção que sentiu ao votar novamente para presidente:

Confesso que votei

No caminho havia no ar um gosto de democracia, uma alegria da dignidade recuperada, a seriedade do dia mais importante deste século. Entrei na sala de votação como quem entra no ventre materno, para recuperar minha identidade perdida, arrancada que foi pela força naquela tarde miseravelmente triste de 31 de março de 1964 [...].

HOJE na História. Disponível em: <http://historiaupf.blogspot.com.br/2010/11/15-de-novembro-de-1989-no-centenario-da.html> Acesso em: 21 abr. 2016.

O vencedor foi Fernando Collor de Mello para o cargo de presidente e seu vice era Itamar Franco. Apesar das promessas de conter a inflação e combater a corrupção, Collor foi denunciado por participar de grandes esquemas de corrupção no seu governo.

Sérgio Tomisaki/Folhapress

Posse do presidente Fernando Collor de Mello em março de 1990.

Diante dessas denúncias, a população foi novamente às ruas em 1992. Desta vez as pessoas queriam que Fernando Collor fosse impedido legalmente de continuar governando. Ou seja, que ocorresse o *impeachment* do presidente.

A participação dos jovens foi importante nessa movimentação e contou com o apoio da União Nacional dos Estudantes (UNE) e da União Brasileira dos Estudantes Secundaristas (Ubes). Os jovens juntaram-se às manifestações populares pelo *impeachment* e saíram às ruas em passeatas, com os rostos pintados e gritando "Fora, Collor!".

Os participantes do movimento dos estudantes ficaram conhecidos como **caras-pintadas**. Eles acabaram se tornando o símbolo daquele período.

Collor renunciou em dezembro de 1992 e foi substituído por seu vice, Itamar Franco.

***impeachment*:** no regime presidencialista, ato pelo qual se destitui, mediante deliberação do Legislativo, o ocupante de cargo governamental que pratica crime de responsabilidade.

Carlos Rodrigues/Agência Estado

Estudantes que ficaram conhecidos como "caras-pintadas" em manifestação pedindo o *impeachment* do então presidente da República, Fernando Collor de Mello, em Porto Alegre, no Rio Grande do Sul. Foto de 23 de agosto de 1992.

ATIVIDADES

1 Releia o boxe da página anterior. Agora imagine que você está vivendo a primeira eleição direta depois de anos de ditadura. Você sentiria o mesmo entusiasmo que Betinho?

____

____

2 Na sua opinião, qual foi a contribuição dos jovens para que Fernando Collor deixasse a Presidência?

____

____

ATIVIDADES DO CAPÍTULO

1. Explique o significado das expressões abaixo:

a) Constituição Cidadã

____

____

b) Eleição direta

____

____

c) Caras-pintadas

____

____

____

2. A Constituição de 1988 foi considerada uma grande conquista, após mais de duas décadas de regime militar. Ela garantiu amplos direitos à população brasileira.

Marque com um **X** as frases que indicam conquistas de direitos sociais e políticos por meio da Constituição de 1988.

- [ ] Voto universal, isto é, todos os cidadãos brasileiros acima de 16 anos têm o direito ao voto, até os analfabetos.
- [ ] Igualdade de direitos para os cidadãos, como liberdade para trabalhar, para expressar o pensamento, liberdade de religião, acesso à saúde e educação.
- [ ] Permissão para obter confissões por meio de torturas.
- [ ] Garantia de que as terras indígenas seriam demarcadas.
- [ ] Garantia de censura aos meios de comunicação.

3. Observe a imagem ao lado.

Desenho de Miguel Paiva publicado no jornal **O Estado de S. Paulo**, em outubro de 1988.

Agora responda às questões:

a) Como é o nome desse tipo de desenho, que critica com ironia um fato específico, em geral de caráter político e que é do conhecimento público?

b) Observe a data da imagem. Que acontecimento importante para o Brasil ocorreu naquele ano?

c) Os personagens da charge parecem ter moradia, acesso à saúde e alimentação adequadas?

d) Na sua opinião, qual é a crítica que Miguel Paiva faz nesse desenho?

4. Os milhares de jovens que saíram às ruas em 1992 protestaram para tentar resolver um problema do Brasil daquela época.

Converse com os colegas sobre os problemas da escola em que vocês estudam ou do bairro onde moram. Depois, responda às questões no caderno.

- Qual é o problema mais importante que você percebeu?
- Como você organizaria um movimento para pedir solução para esse problema?
- Nas passeatas, os caras-pintadas gritavam "Fora, Collor!". Crie frases ou palavras para representar as mudanças que você considera necessárias para a solução do problema observado.

LEITURA DE IMAGEM

LIBERDADE E RESPONSABILIDADE

Você já estudou que, na luta pela democracia, o respeito ao outro é fundamental. Ao mesmo tempo que lutamos pela liberdade de escolher nosso caminho, também precisamos ser responsáveis por nossas atitudes.

OBSERVE

Frankie Marcone/Futura Press

Protesto de estudantes contra o aumento no valor da tarifa de passagem dos ônibus públicos em Natal (RN), em 2015.

1. O que você observa nesta imagem?

____

____

____

____

ANALISE

2. Que tipo de manifestação foi registrado na imagem? O que os participantes reivindicam?

____

____

____

3. Observe o que está escrito nas faixas da imagem.

a) Por que é importante para os estudantes ter passe livre?

____

____

____

____

b) Você concorda com os manifestantes? Justifique sua resposta.

____

____

____

____

RELACIONE

4. Reúna-se com mais dois colegas e reflitam:

a) De acordo com informações dos jornais, no protesto representado na imagem uma mulher foi atingida nas pernas por um rojão, sofrendo queimaduras. Vocês acham que atirar um rojão é uma ação válida para protestar ou reivindicar alguma coisa? Expliquem.

b) Façam uma lista de atitudes que vocês consideram positivas e negativas em uma situação de protesto.

ENTENDER O TEMPO HISTÓRICO

Os jornais são fontes históricas importantes, que ajudam a recuperar não apenas os acontecimentos do passado. Eles nos permitem saber mais sobre as ideias que estavam por trás das notícias. Leia abaixo o texto da historiadora Maria Helena Capelato.

Agora, observe nesta página e na página ao lado imagens que revelam a censura de uma notícia no jornal **O Estado de S. Paulo**. Depois, responda às questões.

Arquivo/Agência Estado

Página do jornal **O Estado de S. Paulo** antes de ser censurada.

> Desde os seus primórdios, a imprensa se impôs como uma força política. Os governos e os poderosos sempre a utilizam e temem; por isso, adulam, vigiam, controlam e punem os jornais.
>
> **A imprensa na história do Brasil**, de Maria Helena Rolim Capelato. 2. ed. São Paulo: Contexto/Edusp, 1994. p. 13.

adulam: agradam, com interesse de conseguir algo em troca.

primórdios: início; começo.

Arquivo/Agência Estado

TEMPO EM SÃO PAULO

O ESTADO DE S. PAULO

JULIO MESQUITA (1891-1927) - JULIO DE MESQUITA FILHO (1927-1969) - FRANCISCO MESQUITA (1927-1969)

JULIO DE MESQUITA NETO
DIRETOR RESPONSAVEL

Capital e Interior de São Paulo Cr$ 0,80 | ANO 94 | QUINTA-FEIRA, 10 DE MAIO DE 1973 | N.º 30.095 | Domingo: Cr$ 1,20. Assinatura Cr$ 183,00

Recrudescem as lutas em todo o território libanês

Médici nomeia um novo ministro

De Sucursal de Brasília

O presidente Emilio Garrastazu Médici assinou ontem decreto, nomeando o sr. José de Moura Cavalcanti ministro da Agricultura (pág. 21).

Dos Leitores

Salomão e rosas

Os impactos da Previdência

MDB pode não votar "impactos"

Rogers chega a 19 mas só vai a Brasília dia 22

Kissinger retorna sem ter marcado visita de Brezhnev

MOSCOU — Henry Kissinger e seus interlocutores soviéticos não conseguiram chegar a um acordo para fixar a data da visita do lider do PCUS, Leonid Brezhnev, aos Estados Unidos. Foi o que revelou o conselheiro presidencial norte-americano, pouco antes de partir do aeroporto de Vnukovo, com destino a Londres, onde chegou ontem para manter conversações de um dia com os lideres britanicos.

Nixon promete toda a verdade

WASHINGTON — O presidente Richard Nixon declarou ontem à noite que toda a verdade sobre o caso Watergate será dada a publico e que o incidente não afetará as atividades de seu segundo mandato presidencial. Falando durante um banquete do Partido Republicano, Nixon classificou o caso Watergate de "profundamente deplorável" e afirmou que seu partido prosseguirá normalmente em suas atividades, apesar da repercussão do escandalo que vem abalando a opinião publica dos Estados Unidos. Nixon declarou ainda que compartilha da "preocupação" de seus compatriotas com o incidente. Terminou dizendo que o escandalo Watergate é "o mais difícil de todos" que já teve oportunidade de enfrentar em seus 27 anos de luta política. (Ver página 2).

Bem aceito plano Cámpora

112 páginas

Editoriais	3
Sumário	3
Politica	4 a 6
Exterior	2, 7 a 13
Artes	14 a 18
País	19 a 27
Serviços	27
Ensino e Saúde	28 e 29
Falecimentos	30
Local	30 a 32
Policia	32
Interior	33 e 34
Esportes	35 a 38

Página do jornal **O Estado de S. Paulo** publicada após a censura.

1. Procure no dicionário o significado das palavras **divergir** e **renunciar**.

2. Pelo título da matéria que está destacada na primeira imagem, você consegue perceber qual é o tema da reportagem?

3. E qual é o tema da reportagem na segunda imagem?

4. Que diferenças você percebeu entre a notícia censurada e a notícia que foi publicada em seu lugar?

LER E ENTENDER

Você costuma ler livros de histórias? Qual é o seu livro preferido?

Nesta seção, você vai conhecer um pouco sobre o livro **O Reizinho mandão**, de Ruth Rocha. Você conhece essa autora? Já leu esse livro?

Pelo título do livro, você pode imaginar o assunto da história?

Acha que um rei, por ser rei, pode mandar em tudo?

Weberson Santiago/Arquivo da editora

O Reizinho mandão

Era uma vez um rei muito popular e justo para o seu povo. Um dia o rei morreu e assumiu o trono seu filho, um menino muito chato e mandão. Ele era tão mandão que queria ter o controle de todas as coisas que aconteciam no seu reino. Para isso fez as leis mais absurdas que se possa imaginar, como: é proibido dormir de gorro na primeira quarta-feira do mês; é proibido cortar a unha do dedão do pé direito em noite de lua cheia; e outras tantas tolices.

Além disso, o Reizinho ficava o tempo todo gritando para todo mundo "calar a boca", inclusive seus conselheiros. Seu papagaio, de tanto ouvir a ordem aos gritos por seu dono, acabou aprendendo a frase e repetindo-a sempre que ouvia algo. O povo, então, ficou com tanto medo que devagarzinho foi deixando de falar e, logo, no reino não havia ninguém mais que soubesse falar.

Um dia ele ficou entediado por não ter mais com quem conversar e resolveu ir ao reino vizinho procurar um sábio para fazer o povo voltar a falar. Este sábio explicou que, para o seu reino voltar a falar era preciso achar uma criança que ainda soubesse falar, e que esta criança quebraria a maldição. Então o Reizinho mandão saiu em busca dessa criança e acabou por encontrá-la. Ao ser incomodada pelo Reizinho e seu papagaio, ela falou: "Cala a boca já morreu! Quem manda na minha boca sou eu!". Neste instante o reino voltou ao normal com todos falando e alegres. O Reizinho, dizem que foi embora na forma de sapo, esperando que uma princesa o encontre e o transforme em um príncipe.

O Reizinho mandão, de Ruth Rocha. São Paulo: Salamandra, 2013.

ANALISE

1. Além de mandão, o Reizinho:

- ☐ gostava de brincar com crianças.
- ☐ estava apaixonado por uma princesa.
- ☐ não escutava ninguém, nem seus conselheiros.

2. Sobre o enredo:

a) Quem é o personagem central dessa história e como ele se comporta?

____

____

b) Que medidas ele tomou para controlar o reino?

____

c) Qual é o maior problema enfrentado pelas pessoas que viviam no reino do Reizinho?

____

d) Por que o Reizinho foi buscar ajuda no reino vizinho?

____

e) Como o problema do reino do Reizinho foi resolvido?

____

3. O que acontece ao Reizinho no final da história?

____

____

4. Qual é a sua opinião sobre o comportamento de pessoas mandonas? Comente.

RELACIONE

5. A autora Ruth Rocha publicou esse livro em 1978. Sabendo disso, responda:

- Quem era o presidente do Brasil nesse período?
- Qual é a semelhança entre as leis feitas pelo Reizinho e algumas regras da ditadura militar, como o AI-5 (Ato Institucional nº 5) instituído no Brasil em 1968?
- **O Reizinho mandão** foi publicado pela primeira vez em 1978. Nesse mesmo ano, o AI-5 foi extinto. Vocês acham que o livro teria sido publicado dez anos antes? Por quê?

O QUE APRENDI?

Agora é hora de organizar o que foi possível aprender por meio da discussão sobre a ditadura e a democracia.

Mauricio Simonetti/Pulsar Imagens

1. Retome as questões que foram apresentadas na abertura desta Unidade. Discuta com os colegas e o professor como você as responderia agora.

2. No Capítulo 7 ficamos sabendo que uma das formas de resistência à ditadura era a crítica ao regime por meio de letras de canções. Pesquise uma canção da época que trazia, em sua letra, uma crítica à ditadura e responda às questões a seguir.

   a) O que você entendeu da letra dessa canção?

   ____

   ____

   ____

   ____

b) O que você acha que a canção critica?

____

____

____

c) Qual é a relação da letra com a ditadura militar?

____

____

____

3. No Capítulo 8, conhecemos um movimento que contou com a manifestação popular: Diretas Já. Pesquise em livros ou na internet outras imagens desse movimento. Cole as imagens em uma cartolina e crie legendas explicativas para elas.

4. No Capítulo 9, ficamos sabendo que houve outro importante movimento popular no Brasil, em 1992. Os jovens que participaram ficaram conhecidos como **caras-pintadas**. Escolha alguém que tenha vivido nessa época e converse com essa pessoa. Pergunte se ela se lembra desse movimento e se participou dele. Registre no caderno o que a pessoa lhe contou.

Chegou o momento de pensar em tudo o que você aprendeu nesta Unidade. Você vai avaliar o que acha que aprendeu bem, o que ainda tem dúvidas e o que precisa rever. Assinale os quadrinhos abaixo, depois discuta com os colegas e o professor suas respostas para que todos possam entender o que cada um precisa melhorar.

- **Capítulo 7** – A ditadura militar e os movimentos de resistência ao regime

☐ Compreendi bem. ☐ Tenho dúvidas. ☐ Preciso retomar.

- **Capítulo 8** – A luta pela redemocratização do Brasil e o movimento Diretas Já

☐ Compreendi bem. ☐ Tenho dúvidas. ☐ Preciso retomar.

- **Capítulo 9** – O governo de José Sarney, a Constituição de 1988 e o governo de Fernando Collor

☐ Compreendi bem. ☐ Tenho dúvidas. ☐ Preciso retomar.

UNIDADE 4

O BRASIL DO SÉCULO 21

Ciclovia na cidade do Rio de Janeiro (RJ), em foto de 2015.

- O que você vê na foto?
- O que chama mais a sua atenção nesta imagem?
- Você conhece a cidade representada nesta foto?
- Que elemento da foto é conhecido como um símbolo dessa cidade?

Hans Von Manteuffel/Opção Brasil Imagens

CAPÍTULO 10

VIVEMOS EM UMA DEMOCRACIA

ELEIÇÕES NO PASSADO E NO PRESENTE

Você sabe como são escolhidos os prefeitos, os vereadores, os governadores e os presidentes? Hoje, no Brasil, os cidadãos escolhem por meio do voto as pessoas que se candidatam a ocupar esses cargos. Os eleitos se tornam representantes do povo e devem lutar pelos interesses e reivindicações dos cidadãos que os escolheram.

As eleições são organizadas para que os eleitores possam escolher determinadas pessoal para exercer o poder político no município, no estado e no país. Durante a campanha eleitoral, os candidatos apresentam suas ideias sobre o tipo de sociedade que pretendem construir. Dessa forma, os eleitores podem se informar e escolher os candidatos e os partidos cujas ideias e propostas mais se identificam com as suas.

Mas será que as eleições sempre foram assim? Ao longo da história do Brasil, o direito ao voto avançou lentamente, foi uma conquista demorada. Vamos conhecer alguns momentos desse processo.

AS CÂMARAS MUNICIPAIS

Em 22 de agosto de 1532, na vila de São Vicente, aconteceram as primeiras eleições no território que hoje é o Brasil. O objetivo era escolher os integrantes da Câmara Municipal, isto é, 3 ou 4 vereadores que representavam o poder local das vilas. Mas apenas os “homens bons” podiam ser eleitos para esse cargo.

Mas quem eram os "homens bons"? Em geral eram pessoas influentes, proprietários de terras e de outros bens. Deviam ser descendentes de portugueses (ou parentes dos primeiros portugueses que chegaram ao Brasil), maiores de 25 anos e moradores do lugar. Da categoria dos "homens bons" estavam excluídos mulheres, estrangeiros, judeus, escravizados e outros trabalhadores manuais. Somente no século 17 a denominação "homens bons" foi substituída por "vereadores".

Casa de Câmara e Cadeia inaugurada em 1798 em Mariana (MG). Foto de 2015.

Rubens Chaves/Pulsar Imagens

A Câmara Municipal controlava os gastos da administração pública da localidade, regulamentava as atividades comerciais, encarregava-se da construção e manutenção das obras públicas.

Mais tarde, durante o período imperial, houve mudanças no perfil dos eleitores: ainda era necessário ser homem e ter mais de 25 anos para votar, mas os homens casados e os oficiais militares podiam votar a partir dos 21 anos. Não tinham direito ao voto as mulheres, os religiosos, os escravos libertos, os analfabetos e os trabalhadores de estabelecimentos públicos.

No início do período republicano, muitas práticas do período imperial foram mantidas. O direito ao voto continuava ligado à posse de determinada renda, à alfabetização e ao gênero. Com isso, as mulheres, os pobres e os analfabetos continuavam sem direito ao voto.

As mulheres conquistaram o direito de votar a partir da Constituição de 1932. Na Constituição de 1934, a idade mínima para o voto passou a ser 18 anos. Os analfabetos, porém, somente adquiriram direito ao voto em 1985.

Segundo a atual Constituição, de 1988, o voto é obrigatório para homens e mulheres a partir dos 18 anos. Para os jovens entre 16 e 17 anos, para os analfabetos e para as pessoas com mais de 70 anos de idade, o voto é facultativo.

Arquivo DN/D.A Press

Natural do Rio Grande do Norte, Alzira Soriano tinha apenas 22 anos quando ficou viúva, com três filhos. Ela assumiu o comando de uma fazenda no sertão e tornou-se uma figura respeitada na localidade. Em 1928 foi eleita a primeira prefeita do Brasil, em Lajes (RN).

Reprodução/Magnolia Produções Culturais

Natural de Florianópolis, a jornalista Antonieta de Barros foi, em 1935, eleita a primeira deputada estadual negra do Brasil e a primeira mulher do estado a ser eleita deputada. Ela se destacou na luta pelos direitos das mulheres e dos negros num contexto histórico que não permitia às mulheres a livre expressão.

A FUNÇÃO DOS NOSSOS REPRESENTANTES

Cada representante eleito pelo voto tem uma função, de acordo com o cargo para o qual foi escolhido. Às vezes, valorizamos apenas cargos como presidente, governador e prefeito (Poder Executivo), esquecendo o trabalho de senadores, deputados e vereadores (Poder Legislativo). Vamos aprender um pouco mais sobre o assunto no quadro abaixo.

A missão dos deputados e senadores eleitos é:

- fazer leis e emendas constitucionais;
- aprovar projetos de lei e medidas provisórias do Poder Executivo;
- aprovar e fiscalizar as contas do governo federal;
- aprovar acordos e tratados internacionais;
- investigar membros dos Poderes Executivo e Legislativo;
- autorizar a realização de plebiscitos e referendos (consultas à população acerca de assuntos polêmicos);
- convocar ministros de Estado para dar explicações, entre outras atribuições.

Cabe somente aos deputados:

- autorizar a abertura de processo contra o presidente da República, o vice, os ministros de Estado e os deputados, em caso de suspeitas de corrupção, por exemplo.

Os vereadores:

- são os mais próximos do cidadão, o primeiro contato. Cabe a eles criar leis para resolver problemas locais e fiscalizar as contas da prefeitura.

Plenarinho. Disponível em: <www.plenarinho.gov.br/deputado/o-que-fazem>. Acesso em: 25 abr. 2016.

Sessão plenária na Câmara dos Deputados, em Brasília (DF). Foto de 2016.

Minervino Júnior/CB/D.A Press. Brasil.

Discutir os direitos e deveres dos cidadãos e dos governantes coloca em questão uma ideia importante em nossa sociedade: o conceito de democracia. Leia a seguir um texto do educador e escritor Rubem Alves para conhecer um pouco mais sobre o assunto.

Como criar um sistema político em que seja o povo que exercita o poder?

Em Atenas, cidade considerada o berço da democracia, esse problema se resolvia de forma simples: os cidadãos livres se reuniam numa praça, debatiam as questões e votavam. A proposta que tivesse mais votos ganhava. Isso era fácil porque Atenas era uma cidade pequena. Mas como reunir os cidadãos de Paris, de Moscou, de Roma? [...]

A solução encontrada se baseava num pressuposto filosófico: os cidadãos são seres racionais. Eles sabem o que é bom para eles. Assim, tratava-se de escolher um cidadão, dentre os muitos, que representasse os pensamentos e desejos gerais. Essa pessoa assim escolhida se tornaria, então, "representante" de todos aqueles que haviam votado nela.

Pois é isso que é o voto: abro mão do meu direito de exercer diretamente o meu poder e o transfiro para um outro, em quem confio. Esse outro será o meu "representante". Não só meu, mas de todas as pessoas que tiverem votado nele. Assim, o voto seria o exercício racional da vontade do povo que, conhecedor das alternativas que se abrem, opta por aquela que lhe parece mais sábia. O voto seria, ao mesmo tempo, um exercício de poder e de sabedoria. Democracia só faz sentido com um povo sábio.

Ensinando política a crianças e adultos, de Rubem Alves. Curitiba: Nossa Cultura, 2009.

racionais: pessoas que raciocinam, que fazem uso da razão, da inteligência.

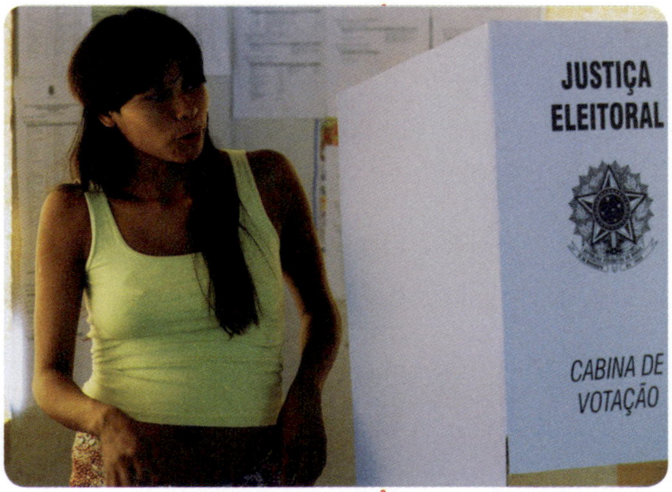

Wilson Pedrosa/Agência Estado

Mulher da etnia Krahô vota no município de Itacajá (TO), durante as eleições de 2010.

ATIVIDADES

Com base no texto, converse com os colegas sobre as questões a seguir. Depois, responda-as no seu caderno.

a) Pelo que você pôde entender, o que é democracia?

b) A democracia brasileira funciona do mesmo modo que a democracia da Grécia antiga?

c) Qual é a principal diferença entre a democracia da Grécia antiga e a democracia do Brasil atual?

ATIVIDADES DO CAPÍTULO

1. Responda às questões a seguir.

a) Quem foi Alzira Soriano?

____

b) As mulheres sempre puderam votar nas eleições?

____

c) Hoje em dia, quem pode votar?

____

____

d) De acordo com o que estudamos, por que é importante votar?

____

____

2. Observe ao lado a charge do cartunista Angeli. Depois, responda às questões.

Charge do cartunista Angeli, publicada no jornal **Folha de S.Paulo** em 21 de agosto de 1998.

a) Qual foi a crítica feita pelo cartunista na charge?

b) Você concorda com a crítica feita na charge?

c) O que você considera importante no momento de escolher um governante?

3. Você sabe quem são os homens e as mulheres responsáveis pela formulação de leis na cidade onde mora?

4. Faça uma pesquisa e descubra quem são os vereadores da cidade onde você mora. Depois, anote o nome de pelo menos dois deles.

5. Pergunte aos seus pais ou responsáveis em quem eles votaram nas últimas eleições. Depois, registre no caderno as seguintes informações:

   a) Qual era o partido do candidato?

   b) Quais eram suas promessas de campanha?

   c) Seus pais ou responsáveis têm procurado se informar sobre o trabalho feito pelo candidato eleito?

CAPÍTULO

11 SOMOS CIDADÃOS

A CIDADANIA HOJE

Como você viu no capítulo anterior, a responsabilidade do eleitor vai muito além da escolha de seus representantes por meio do voto. De fato, cidadania é um exercício para todos os dias. Mas o que significa ser cidadão?

Ser cidadão significa ter direitos e deveres. Isso vale para todas as pessoas que vivem num país: homens, mulheres, idosos, crianças e adolescentes. É participar da vida política e social do país, lutando por seus direitos, cumprindo seus deveres e procurando construir uma sociedade mais justa e igualitária, ou seja, que busca a igualdade de todos os seres humanos.

Para entender o significado do termo **cidadania**, é preciso conhecer esses direitos e deveres. Eles estão escritos na Constituição.

Só História. Disponível em: <www.sohistoria.com.br/ef1/cidadania>. Acesso em: 25 abr. 2015.

Marcos Bizotto/Raizes/Agência Estado

Manifestação "Mulheres nas ruas por liberdade, autonomia e por democracia para lutar", realizada na avenida Paulista, em São Paulo (SP), no Dia Internacional da Mulher, 8 de março. Foto de 2016.

Ser cidadão significa assumir responsabilidade pelo lugar onde vivemos e pelas pessoas com quem convivemos. Isso significa respeitar nossos direitos e deveres em espaços como a escola, o grêmio estudantil, a associação de moradores, entre outros. Espaços como esses trazem oportunidades de diálogo, de conhecimento e de ação sobre as realidades locais e as decisões coletivas.

Nos dias atuais há novos espaços de vivência da cidadania. Muitos deles resultaram da popularização de meios de comunicação, como a internet. Um bom exemplo são as redes sociais, cada vez mais usadas por pessoas de diferentes idades, lugares e condições sociais para manifestar opiniões, ideias, preferências, reivindicar mudanças, organizar encontros, planejar manifestações, etc.

Em julho de 2012, Isadora Faber, de 14 anos, estudante do Ensino Fundamental na Escola Básica Municipal Maria Tomázia Coelho, de Florianópolis (SC), começou a escrever uma página na internet chamada "Diário de Classe – A Verdade". Seus comentários alcançaram grande repercussão, e Isadora recebeu denúncias e pedidos de ajuda de estudantes de todo o Brasil. Apoiada por pessoas e entidades, Isadora criou a ONG Isadora Faber.

Veja a seguir outro exemplo de como utilizar a internet para unir esforços de pessoas com interesses comuns.

Ciclistas de Belém se juntam para fazer mapa cicloviário da cidade

Enzo Bertolini, do Vá de Bike

Desde julho, ciclistas da região metropolitana de Belém (PA) têm à disposição um Mapa Cicloviário Colaborativo, com informações sobre ciclovias, ciclofaixas, vias compartilhadas, calçadas compartilhadas, bicicletarias, bicicletas públicas e bicicletários.

Disponível em: <www.bikeelegal.com/noticia/723/ciclistas-de-belem-se-juntam-para-fazer-mapa-cicloviario-da-cidade#sthash.aL7J4nDi.dpuf>. Acesso em: 21 jun. 2016.

Mapa cicloviário da Região Metropolitana de Belém (PA)

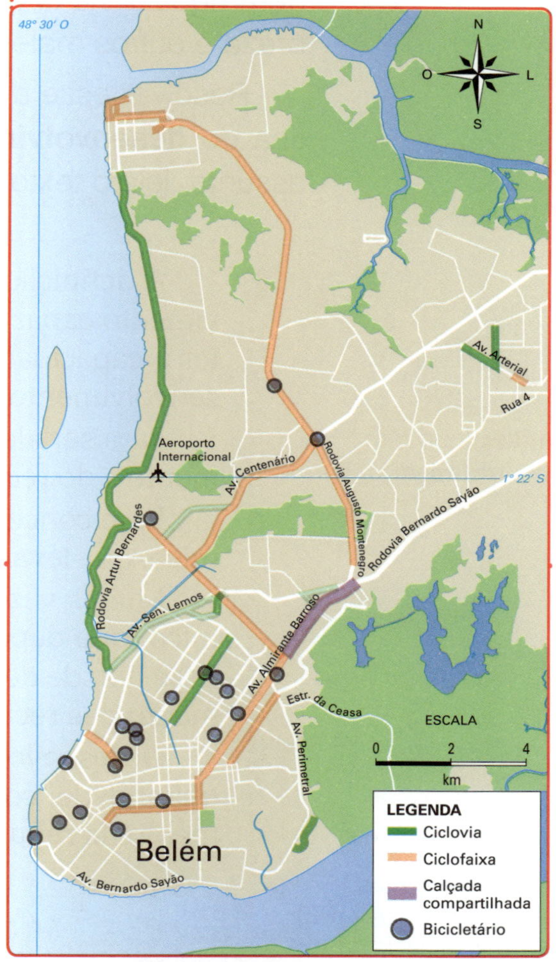

Banco de imagens/Arquivo da editora

Fonte: Mapa com base em tutorial publicado pela ONG Transporte Ativo. Imagem: Reprodução/*Site* Vá de Bike.

ATIVIDADES

Converse com os colegas e o professor sobre as questões abaixo.

a) O que significa ser cidadão?

b) De que maneiras você pode exercer a cidadania nos espaços em que vive? Dê exemplos.

c) Você consegue imaginar que necessidades motivaram a criação do mapa de rotas para os ciclistas?

DESAFIOS DO MEIO AMBIENTE

Um dos grandes desafios da atualidade é conciliar preservação ambiental e desenvolvimento econômico e social. Se, por um lado, a instalação de indústrias gera riquezas e empregos, por outro, pode causar poluição, desmatamento, pobreza e outros males, como o esgotamento dos recursos naturais.

Resolver esse desafio é o objetivo de pessoas e organizações ligadas à prática do **desenvolvimento sustentável**. Para saber um pouco mais sobre esse assunto, leia o texto a seguir.

A definição mais aceita para desenvolvimento sustentável é o desenvolvimento capaz de suprir as necessidades da geração atual, sem comprometer a capacidade de atender as necessidades das futuras gerações. É o desenvolvimento que não esgota os recursos para o futuro. [...]

Para ser alcançado, o desenvolvimento sustentável depende de planejamento e do reconhecimento de que os recursos naturais são finitos.

Esse conceito representou uma nova forma de desenvolvimento econômico, que leva em conta o meio ambiente.

Muitas vezes, desenvolvimento é confundido com crescimento econômico, que depende do consumo crescente de energia e recursos naturais. Esse tipo de desenvolvimento tende a ser insustentável, pois leva ao esgotamento dos recursos naturais dos quais a humanidade depende. [...]

O desenvolvimento sustentável sugere, de fato, qualidade em vez de quantidade, com a redução do uso de matérias-primas e produtos e o aumento da reutilização e da reciclagem.

Disponível em: <www.wwf.org.br/natureza_brasileira/questoes_ambientais/desenvolvimento_sustentavel/>. Acesso em: 25 abr. 2016.

finitos: que têm fim, limitados.

Cata-ventos gigantes instalados em Caetés (PE) trazem a energia limpa dos ventos para o Agreste pernambucano. Foto de 2015.

Rubens Chaves/Pulsar Imagens

Veja algumas ações do cotidiano que estão relacionadas ao desenvolvimento sustentável:

- Descartar o lixo no local correto.
- Economizar água e energia elétrica.
- Reaproveitar e reciclar materiais como garrafas PET, latinhas de alumínio, sacolas plásticas, papel, papelão, entre outros.

Para pensar sobre essas questões, são realizadas diversas conferências internacionais. Uma das mais importantes aconteceu na cidade do Rio de Janeiro, em 2012.

Rio+20: conferência da ONU debate futuro do planeta

A Conferência das Nações Unidas sobre Desenvolvimento Sustentável, a Rio+20, começou no [...] dia 13 de junho no Rio de Janeiro. O evento, que acontece até o dia 22 de junho, reúne líderes mundiais para discutir medidas que promovam o progresso aliado à preservação do meio ambiente nas próximas décadas.

O evento marca os 20 anos da realização da Rio-92 (ou Eco-92). Os dois principais temas em debate são: economia verde e cooperação global. Economia verde é um modelo de crescimento econômico baseado [...] no uso inteligente dos recursos naturais. Isso depende, por sua vez, de uma organização entre os países para garantir que os protocolos sejam seguidos por todos os governos.

Reprodução/Comitê Nacional de Organização Rio+20

RIO+20
Conferência das Nações Unidas sobre Desenvolvimento Sustentável

O desafio da conferência é fazer com que países como Estados Unidos e China, as duas maiores economias do planeta, convirjam em seus interesses para assumir os compromissos estabelecidos pela cúpula. Um documento com as metas a serem atingidas nas próximas décadas foi divulgado ao final do evento.

UOL Vestibular. Disponível em: <http://vestibular.uol.com.br/resumo-das-disciplinas/atualidades/rio20-conferencia-da-onu-debate-futuro-do-planeta.htm>. Acesso em: 13 jun. 2016.

convirjam: tendam para o mesmo objetivo.

ATIVIDADES

1 O que foi a Rio+20?

____

____

2 Quais são os dois países que precisavam assumir os compromissos estabelecidos pela cúpula do evento?

____

3 Por que era importante que esses países assumissem esses compromissos? Converse com os colegas e o professor.

ATIVIDADES DO CAPÍTULO

1. De acordo com o que você aprendeu no capítulo, defina com suas palavras:

a) cidadania.

____

b) sustentabilidade.

____

2. A Eco-92, conferência realizada em 1992, na cidade do Rio de Janeiro, antecedeu a Rio+20, evento de 2012. Na Eco-92, importantes compromissos foram firmados.

a) Pesquise em livros, revistas, jornais e *sites* informações sobre a Eco-92 e a Rio+20.

b) Com as informações encontradas, complete o quadro abaixo.

	Eco-92	**Rio+20**
Ano de realização		
Número de países participantes		
Compromissos firmados na conferência		
Principais documentos firmados durante o encontro		

3. Como vimos, a divulgação e o compartilhamento de informações sobre a comunidade pode contribuir para a valorização da cultura local e para a promoção de mudanças sociais.

a) Com os colegas e o professor, converse sobre os principais problemas que afetam o bairro onde a escola está situada.

b) Em grupos, elaborem cartazes com textos e imagens que indiquem ou apresentem soluções para esses problemas.

c) Com a ajuda do professor, exponham esses cartazes nos murais da escola.

4. No bairro onde você mora existe alguma entidade de promoção da cidadania? Pode ser um grupo ligado a cultura, saúde, assistência social, mobilização política, etc.

a) Converse com familiares e vizinhos e anote no caderno o que descobriu.

b) Comente com os colegas e o professor os resultados da pesquisa.

5. Observe a imagem, leia a legenda, depois converse com os colegas e o professor.

Luiz Carlos Murauskas/Folhapress

Estudantes de escolas técnicas protestam em São Paulo (SP) contra a falta de merenda, o corte de investimentos nas escolas e a falta de reajuste dos professores. Foto de abril de 2016.

a) Você acha que esses estudantes estão exercendo a cidadania? Justifique sua resposta.

b) Você já viu ou já participou de uma manifestação?

LEITURA DE IMAGEM

A RELAÇÃO DA SOCIEDADE COM A NATUREZA

Neste capítulo falamos sobre a importância de preservar o meio ambiente por meio do desenvolvimento sustentável. Agora observe duas imagens do Cerrado, um tipo de vegetação muito importante pela biodiversidade que abriga.

biodiversidade: a existência, em determinada região, de uma grande variedade de espécies de plantas e de animais.

OBSERVE

João Prudente/Pulsar Imagens

Área de Cerrado em Gouveia (MG), 2016.

André Dib/Pulsar Imagens

Área de Cerrado desmatada para formação de pastagem em Araguaiana (MT), 2014.

ANALISE

1. O que há de diferente nas duas imagens que você observou? Considere também as legendas em sua resposta.

2. Na imagem 1, que tipo de paisagem você observa?

3. Em qual das paisagens você acha que houve maior interferência do ser humano?

4. O modo como o fotógrafo registrou essa imagem ajudou na identificação dessa interferência? Explique.

RELACIONE

5. Junte-se a um colega e pensem sobre alguns problemas ambientais que vocês observam no lugar onde vivem. O que pode ser feito para resolver ou amenizar esses problemas?

CAPÍTULO 12

DESAFIOS DA DEMOCRACIA NO BRASIL

DESIGUALDADES E OPORTUNIDADES

Após a volta da democracia, em 1985, o Brasil passou a viver em relativa estabilidade política. Entretanto, muitos problemas ainda precisam ser enfrentados até que o país possa superar as desigualdades sociais e alcançar um desenvolvimento sustentável.

Um dos maiores problemas a ser enfrentado é a desigualdade entre os mais ricos e os mais pobres. É possível medir a desigualdade social de um país por meio do Censo demográfico. Mas você sabe o que é censo? Leia o texto a seguir.

O Censo demográfico é uma pesquisa realizada pelo Instituto Brasileiro de Geografia e Estatística (IBGE) a cada dez anos. Através dele, reunimos informações sobre toda a população brasileira.

Nosso primeiro Censo aconteceu em 1872 e recebeu o nome de Recenseamento da População do Império do Brasil. O mais recente foi o Censo 2010 [...]. Antes dele, o IBGE realizou o Censo 2000.

No Censo, os pesquisadores do IBGE visitam todos os domicílios do país para aplicar um questionário. Depois de percorrer todos os cantos do Brasil, indo de casa em casa, os pesquisadores organizam e analisam as informações coletadas nos questionários. Em seguida, divulgam os resultados em uma série de publicações sobre os temas estudados.

Os resultados do Censo demográfico são importantes para a sociedade ter informações atualizadas sobre a população e para o governo planejar suas ações de forma mais adequada.

IBGE. Disponível em: <http://7a12.ibge.gov.br/en/sobre-o-ibge/o-que-e-censo>. Acesso em: 26 abr. 2016.

Ismar Ingber/Pulsar Imagens

Recenseadora do IBGE entrevista moradora da cidade do Rio de Janeiro, em 2010.

A desigualdade social não é um fenômeno novo no Brasil. Em 1897, o escritor Euclides da Cunha foi convidado pelo jornal **O Estado de S. Paulo** para escrever sobre a Guerra de Canudos, travada no interior da Bahia. Em 1902, Euclides da Cunha publicou **Os Sertões**, sua obra mais importante, na qual descreve a luta diária dos sertanejos contra as dificuldades da seca e o descaso do governo.

COMBATE À FOME

Mais de 100 anos depois da Guerra de Canudos e das observações de Euclides da Cunha sobre a miséria, a desigualdade e a fome ainda são graves problemas do Brasil. Entretanto, alguns resultados positivos foram alcançados nos últimos anos. Leia o texto a seguir.

ONU: Fome cai 82% em 12 anos no Brasil

Queda é a maior registrada entre as seis nações mais populosas do mundo, segundo relatório da Organização das Nações Unidas para a Alimentação e a Agricultura (FAO)

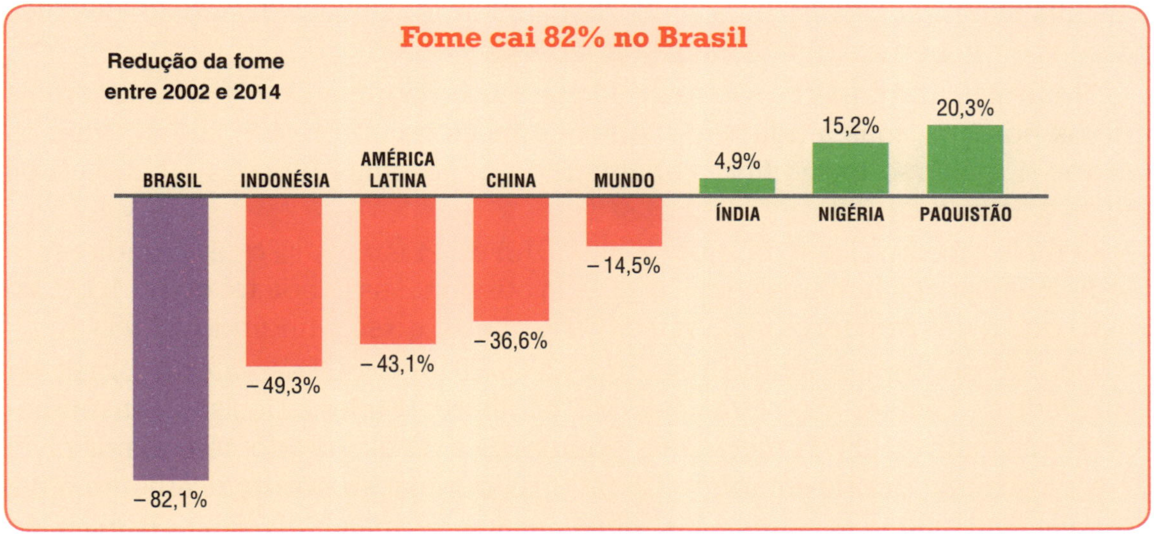

Banco de imagens/Arquivo da editora

O Brasil reduziu em 82,1% o número de pessoas subalimentadas no período de 2002 a 2014. A queda é a maior registrada entre as seis nações mais populosas do mundo e também é superior à média da América Latina, que foi de 43,1%.

Os dados são do relatório **O Estado da Insegurança Alimentar no Mundo 2015**, divulgado pela Organização das Nações Unidas para a Alimentação e a Agricultura (FAO).

Palácio do Planalto. Disponível em: <www2.planalto.gov.br/noticias/2015/05/fome-cai-82-em-12-anos-no-Brasil-afirma-onu>. Acesso em: 20 jun. 2016.

ATIVIDADES

- Converse com seus colegas e o professor sobre os problemas que vocês observam no lugar onde moram. Há pessoas que não têm moradia, que pedem comida e dinheiro? Será que todas as crianças frequentam a escola? Que problemas vocês consideram mais graves no lugar onde vivem?

A LUTA POR IGUALDADE

Muitas vezes, no dia a dia, vemos situações em que as pessoas são tratadas com preconceito por causa do gênero, da cor da pele, da condição social e outras características. Ou seja, o direito de igualdade entre as pessoas é desrespeitado.

No Brasil, ainda existem muitas diferenças entre mulheres e homens, embora as mulheres tenham conquistado direitos significativos nos últimos anos. O texto a seguir aponta alguns desafios a serem enfrentados rumo à igualdade na questão de gênero.

Nos últimos anos, de acordo com dados do Instituto Brasileiro de Geografia e Estatística (IBGE), a distribuição de renda melhorou, mas a desigualdade entre homens e mulheres ainda é muito significativa.

No Brasil, as mulheres são mais da metade da população e já estudam mais que os homens, mas ainda têm menos chances de emprego, ganham menos do que o universo masculino trabalhando nas mesmas funções e ocupam os piores postos. [...]

O mais recente Censo demográfico (2010) do País mostra que o rendimento médio mensal dos homens com Carteira Profissional assinada foi de R$ 1392, ao passo que o das mulheres foi cerca de 30% abaixo disso, atingindo R$ 983. [...]

De acordo com o último relatório (2009/2010) do Observatório Brasil da Igualdade de Gênero, cujo tema-foco foi "Mulheres, Poder e Decisão", as mulheres representam mais da metade da população e do eleitorado, têm maior nível de escolaridade, representam quase 50% da população economicamente ativa do país, mas não chegaram a 20% nos cargos de maior nível hierárquico no Parlamento, nos governos municipais e estaduais, nas secretarias do primeiro escalão do Poder Executivo, no Judiciário, nos sindicatos e até nas reitorias. [...]

Dilma Rousseff, eleita em 2011 a primeira mulher presidente do Brasil, cumprimenta a socióloga Eleonora Menicucci em sua cerimônia de posse como ministra-chefe da Secretaria Especial de Políticas para as Mulheres, em 2012.

Lula Marques/Folhapress

Em 2010, nas eleições gerais, as mulheres ficaram com 12,9% das cadeiras nas Assembleias Legislativas, com 8,5% das vagas na Câmara dos Deputados e com 9,8% no Senado e 7,4% dos governadores. [...]

No setor privado, o quadro não é muito diferente do que no setor público. Pesquisas tendem a confirmar essa proporção de 20% a 30% de mulheres nos postos de chefia. Levantamento feito em 2009 pela Catho Online com um total de 89 075 empresas apontou que as mulheres ocupavam apenas 21,4% dos cargos de chefia.

setor privado: empresas pertencentes a particulares.

Desilgualdades de gênero. Disponível em: <www.meionews.com.br>. Acesso em: 13 jun. 2016.

O PRECONCEITO RACIAL

Se você observar a turma da escola, os vizinhos e as pessoas que passam pelas ruas da cidade, vai perceber que a população brasileira foi formada por etnias diversas.

No passado, povos de origem europeia e africana se estabeleceram no território brasileiro, onde já viviam diversos povos indígenas. Ao longo da História e ainda hoje, pessoas de diferentes nacionalidades chegam para viver aqui.

Entretanto, embora a população brasileira seja resultado da mistura de diferentes povos, muitas pessoas ainda praticam atos de preconceito racial. A Constituição brasileira, por sua vez, define como crime as manifestações de racismo.

Assim, impedir pessoas de frequentar um lugar, dar apelidos pejorativos, fazer piadas, pagar salários diferentes em virtude de critérios raciais são práticas criminosas.

ATIVIDADES

Observe a tirinha de Laerte e responda às questões em seu caderno.

Tira de Laerte, publicada no jornal **Folha de S.Paulo** em 2010.

a) Que situação foi representada por Laerte?

b) Você acha que algumas brincadeiras são só para meninas e outras são só para meninos? Por quê? Justifique sua resposta.

c) Para você, o que é igualdade?

O DIREITO À EDUCAÇÃO

O direito à educação está previsto na Constituição de 1988. Mas o que isso quer dizer? Isso significa que, no Brasil, todos têm direito à educação, e esse direito é garantido por lei. Leia o texto a seguir.

> Art. 6º – São direitos sociais a educação, a saúde, a alimentação, o trabalho, a moradia, o lazer, a segurança, a previdência social, a proteção à maternidade e à infância, a assistência aos desamparados, na forma desta Constituição.
>
> **Palácio do Planalto**. Disponível em: <www.planalto.gov.br/ccivil_03/constituicao/constituicao.htm>. Acesso em: 26 abr. 2016.

Em constituições anteriores, a educação não era vista como direito. Não havia um instrumento legal que obrigasse o Estado a garantir escolarização de qualidade aos cidadãos. Ter acesso ao aprendizado é fundamental para o cidadão que vive na sociedade contemporânea.

O ACESSO À EDUCAÇÃO

Segundo a Pesquisa Nacional por Amostra de Domicílios (Pnad), em 2013, o Brasil tinha 3,36 milhões de crianças e adolescentes fora da escola. Em 2011, eram 3,5 milhões de excluídos. Em 2009, foram registrados 3,7 milhões de crianças e adolescentes fora da escola.

Apesar da tendência de queda, os números são um desafio. Segundo o Plano Nacional de Educação, a meta do governo é que, até 2019, 100% das pessoas de 4 a 17 anos estejam na escola.

Gerson Gerloff/Pulsar Imagens

Alunos da etnia Kaingang em sala de aula na Reserva Indígena do Guarita, em Redentora (RS), 2014.

Cesar Diniz/Pulsar Imagens

Alunos do grupo Batuque Reciclado na festa em homenagem ao Dia da Consciência Negra em Araruama (RJ), 2015.

A EVASÃO ESCOLAR

Outro problema da educação no Brasil é a evasão escolar, isto é, o abandono dos estudos. Esse problema ocorre principalmente entre os estudantes do Ensino Médio. Veja, a seguir, a charge de Ivan Cabral.

© Ivan Cabral/Acervo do cartunista

Charge do cartunista Ivan Cabral, 2010.

OS ALUNOS COM NECESSIDADES EDUCACIONAIS ESPECIAIS

Ao lado das medidas criadas para a universalização do ensino, o Estado vem procurando garantir atendimento escolar a alunos com necessidades educacionais especiais.

O artigo 208 da Constituição brasileira especifica que é dever do Estado garantir "atendimento educacional especializado aos portadores de deficiência, preferencialmente na rede regular de ensino", condição que também consta no artigo 54 do Estatuto da Criança e do Adolescente (ECA). Muitos estados brasileiros têm políticas públicas para a inclusão desses alunos nas escolas. As crianças com deficiência têm direito à escola e é dever dos professores elaborar atividades que levem em conta as necessidades específicas desses alunos.

Isso representa uma mudança na maneira de tratar a questão. Durante muito tempo esses alunos ficavam em salas especiais, separados dos outros alunos; alguns nem chegavam a frequentar a escola.

ATIVIDADES

- A charge de Ivan Cabral apresenta um problema relacionado à educação brasileira. Qual é esse problema? Na sua opinião, por que isso acontece?

NOVAS ESPERANÇAS

Como vimos no Capítulo 7, na época do golpe militar de 1964 ocorreram várias manifestações. A **Marcha da Família com Deus pela Liberdade** foi uma delas, a favor da tomada do poder pelos militares. Outro exemplo de manifestação foram as **Diretas Já**, que vimos no Capítulo 8, na qual milhares de pessoas saíram às ruas para reivindicar uma mudança do regime político.

A manifestação é uma expressão pública e coletiva de uma opinião ou sentimento. Pode ser a favor ou contra uma situação concreta. Em geral se refere a um assunto bem definido, como o aumento de tarifas do transporte público. Mas seu alcance pode ser muito maior: muitas vezes a manifestação dá início a processos mais amplos e até mesmo revolucionários.

A seguir, vamos conhecer por meio de imagens e legendas algumas manifestações que ocorreram nos últimos anos em diferentes lugares do Brasil.

Gino Tadeu/Futura Press

Escola em Campo Limpo Paulista (SP) ocupada por estudantes em protesto contra o fechamento de escolas para a reorganização do ensino estadual. Foto de 2015.

Marcello Casal Jr/Agência Brasil

Marcha das Mulheres Negras contra o racismo, a violência e pelo bem viver em Brasília (DF), 2015.

Diego Herculano/Fotoarena

Parada do Orgulho LGBT no Recife (PE) em setembro de 2015.

Luciano Freire/Futura Press

Protesto de indígenas guaranis diante do Congresso Nacional em Brasília (DF). Foto de 2014.

ATIVIDADES

Em duplas, observem as fotos, leiam as legendas e depois escolham uma das manifestações para pesquisar. Com a ajuda do professor, busquem as seguintes informações:

- Quem são os manifestantes?
- Qual é o motivo do protesto?
- Onde e quando a foto foi tirada?
- Os manifestantes conseguiram obter resultados? Quais?

ATIVIDADES DO CAPÍTULO

1. Responda às questões:

a) De acordo com o que você aprendeu, que tipos de desigualdade podemos encontrar na sociedade brasileira?

____

b) Dê um exemplo de desigualdade entre homens e mulheres.

____

____

____

c) Como o direito de frequentar a escola é garantido na prática para as crianças com necessidades especiais?

____

____

____

2. O Estatuto da Criança e do Adolescente (ECA) entrou em vigor em 1990 para garantir proteção integral à criança e ao adolescente. Conheça dois importantes trechos do ECA:

> **Artigo 53**. A criança e o adolescente têm direito à educação, visando ao pleno desenvolvimento de sua pessoa, preparo para o exercício da cidadania e qualificação para o trabalho, assegurando-se-lhes:
>
> - igualdade de condições para o acesso e permanência na escola;
> - direito de ser respeitado por seus educadores; [...]
>
> **Artigo 54**. É dever do Estado assegurar à criança e ao adolescente:
>
> - Ensino Fundamental, obrigatório e gratuito, inclusive para os que a ele não tiveram acesso na idade própria;
> - progressiva extensão da obrigatoriedade e gratuidade ao Ensino Médio; [...]
>
> **Estatuto da Criança e do Adolescente**. São Paulo, 2012.

Responda:

a) Para quem a educação é um direito?

____

b) Para quem a educação é um dever?

____

c) No artigo 53, destaca-se que a educação visa ao pleno desenvolvimento da pessoa e ao preparo para o exercício da cidadania. Em sua opinião, qual é a relação entre educação e cidadania?

____

____

____

3. Agora é com você! Faça um passeio pela escola onde você estuda e observe os espaços para descobrir se eles são acessíveis a alunos com necessidades especiais. Verifique os itens a seguir.

a) A escola tem rampas para cadeirantes?

b) As classes têm alunos com necessidades especiais?

c) Em grupos, criem cartazes sobre inclusão e exponham em áreas comuns da escola para que sejam vistos por todos.

Eduardo Zappia/Pulsar Imagens

Sala multifuncional para alunos com necessidades especiais em escola de Sobral (CE), 2013.

ENTENDER O TEMPO HISTÓRICO

As leis são documentos importantes para a História. Por meio delas podemos identificar as questões mais significativas para uma sociedade em determinado momento. A Constituição de 1988, por exemplo, foi uma conquista do período que se seguiu à ditadura militar, e nela estão representadas as lutas de diferentes grupos políticos que haviam sido eleitos para participar da Assembleia Constituinte.

Leia abaixo alguns artigos da Constituição brasileira atual.

CAPÍTULO IV – DOS DIREITOS POLÍTICOS

Art. 14. A soberania popular será exercida pelo sufrágio universal e pelo voto direto e secreto, com valor igual para todos, e, nos termos da lei, mediante:

I - plebiscito;
II - referendo;
III - iniciativa popular.

§ 1º O alistamento eleitoral e o voto são:
I - obrigatórios para os maiores de dezoito anos.
II - facultativos para:
a) analfabetos;
b) os maiores de setenta anos;
c) os maiores de dezesseis e menores de dezoito anos.

Presidência da República. Disponível em: <www.planalto.gov.br/ccivil_03/constituicao/constituicao.htm>. Acesso em: 26 abr. 2016.

Arquivo/Agência Estado

Reprodução/Editora Senado Federal

Última sessão da Assembleia Constituinte, em Brasília, 1988.

sufrágio universal: sistema em que todos os eleitores têm capacidade legal para o voto.

Agora, converse com os colegas e o professor e responda às questões.

1. Procure no dicionário o significado das palavras:

a) plebiscito

____

____

b) referendo

2. A Constituição de 1988 permite a participação popular?

3. Essa possibilidade existiu durante a ditadura militar?

4. Com os colegas, pensem em um problema que seja importante para a escola onde vocês estudam.

a) Como vocês o resolveriam?

b) Seria possível usar uma das formas de participação previstas no Artigo 14 da Constituição? Qual?

LER E ENTENDER

Você vai ler, a seguir, parte de um infográfico. Você sabe como se organiza esse tipo de texto? Imagina quais informações encontrará nele?

Dê uma olhada geral nas imagens. Observe que certas figuras são ligadas a outras, indicando algum tipo de relação entre elas. Antes de ler o texto verbal, discuta com os colegas qual pode ser a relação entre as figuras.

Leia os subtítulos e verifique se eles ajudam a compreender a relação entre os elementos interligados.

AS CIDADES E SEUS PROBLEMAS

Em seis décadas, a taxa de urbanização do Brasil subiu de 36% para mais de 84%. Mas o crescimento desordenado das cidades compromete a qualidade de vida de quem nelas mora

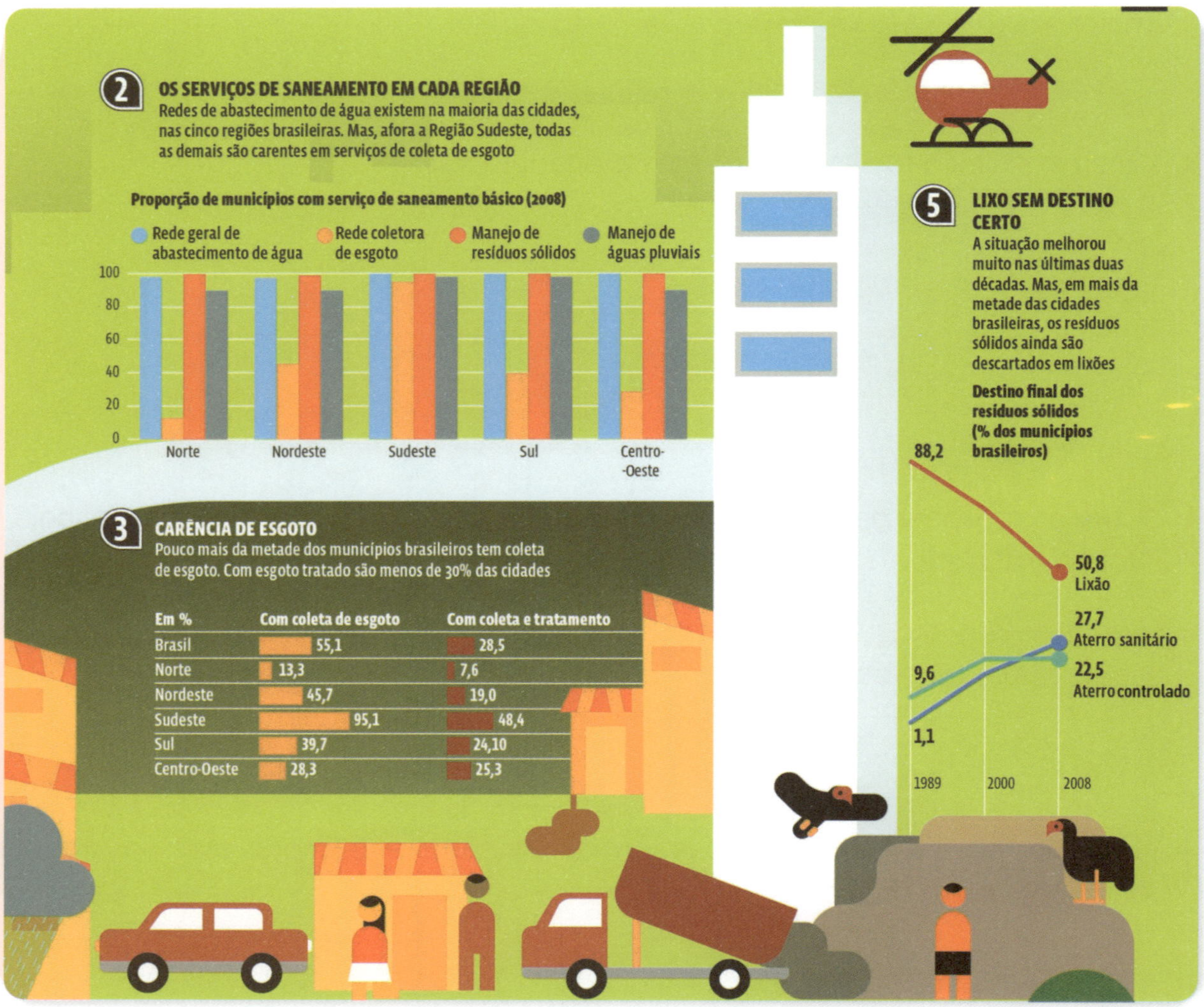

Mario Kanno/Arquivo da editora

Fonte: **Almanaque Abril 2011**. São Paulo: Abril, 2011. p. 184-185.

ANALISE

1. De que trata o infográfico da página ao lado? A hipótese que você levantou, antes da sua leitura, confirmou-se? Comente.

2. Quais informações são dadas sobre coleta de lixo?

3. Observe em detalhe o gráfico 3, sobre coleta e tratamento de esgoto. Liste em seu caderno as regiões do Brasil de acordo com o acesso a esse serviço: da que tem maior acesso a eles à que tem menor acesso.

Mario Kanno/Arquivo da editora

RELACIONE

4. Analisando o infográfico, pode-se afirmar que o Brasil já resolveu seus problemas de desigualdade social?

5. Pode-se afirmar que todos os brasileiros têm seus direitos de cidadãos respeitados?

O QUE APRENDI?

Agora é hora de retomar todas as discussões realizadas e organizar o que foi possível aprender com a discussão sobre o Brasil do século 21 e a importância da cidadania.

Hans Von Manteuffel/Opção Brasil Imagens

1. Retome as questões que foram apresentadas na abertura desta Unidade. Discuta com os colegas e o professor como você responderia a elas agora.

2. No Capítulo 10, conversamos sobre a importância do voto e de acompanhar o trabalho dos governantes. Depois que as eleições acontecem, a responsabilidade dos eleitores não termina. Também vimos que é possível acompanhar a política pelos meios de comunicação, que procuram divulgar as ações do governo.
   - Pesquise em jornais ou na internet notícias que divulguem ações dos governantes da cidade, do estado ou do país onde você mora e traga para a sala de aula para discuti-las com os colegas.

3. No Capítulo 11 conversamos sobre um conceito importante e muito falado nos últimos tempos: o desenvolvimento sustentável. Uma das questões que se discute quando pensamos em sustentabilidade é o cuidado com o lixo. Faça uma pesquisa na sua casa sobre esse tema com base nos itens a seguir:

a) Na sua casa se produz muito lixo?

b) Os moradores se preocupam com isso? Tomam algum tipo de cuidado para produzir menos lixo? Dê exemplos.

c) Há preocupação sobre o que fazer com o lixo produzido? Vocês separam o lixo reciclável do lixo não reciclável?

d) Há coleta de material reciclável no bairro onde vocês moram?

passpun/Shutterstock/Glow Images

As diferentes cores das latas de lixo ajudam a separar os resíduos recicláveis dos não recicláveis.

Chegamos ao final deste livro. Com certeza você aprendeu muitas coisas novas durante este ano. Folheie o seu livro de História relembrando os textos e revendo as imagens. Pense no que você estudou e nos momentos de trabalho, convivência e discussão com os colegas e o professor.

Depois de refletir sobre suas experiências durante este ano, escreva um pequeno texto resumindo suas impressões. Conte o que você mais gostou de aprender, o que foi difícil, o que você achou desinteressante. Fale também da convivência com os colegas e o professor. Se quiser, faça desenhos também.

Depois desta última tarefa... Boas férias!

PARA SABER MAIS

LIVROS

Reprodução/Companhia das Letrinhas

1 drible, 2 dribles, 3 dribles: manual do pequeno craque cidadão, de Marcelo Rubens Paiva. São Paulo: Companhia das Letrinhas, 2014.

Conheça a história de Joca, um menino que gosta de jogar futebol. Após mudar de cidade com sua família, Joca enfrenta muitos desafios para continuar a praticar seu esporte favorito. O livro traz, ainda, uma pequena história do futebol. Você vai descobrir como o esporte chegou ao Brasil, vai conhecer a trajetória de jogadores e times e se informar a respeito das Copas do Mundo.

Reprodução/Edições SM

ABC do Brasil, de Ana Maria Machado. São Paulo: Edições SM, 2009.

Um grande e belo panorama do Brasil, sua história, seus habitantes, suas festas e tradições. O livro celebra a diversidade do país em que vivemos.

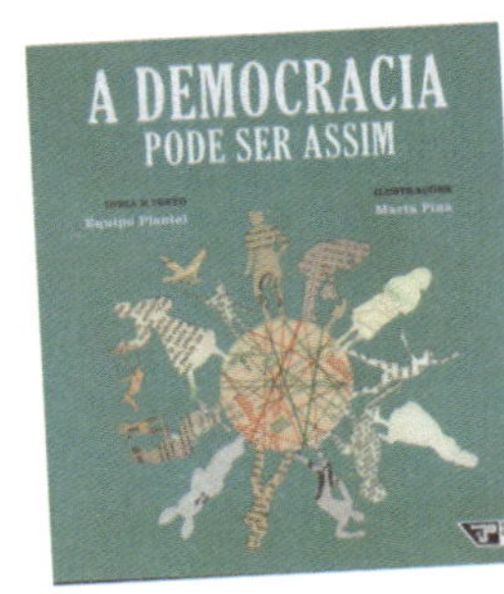

Reprodução/Boitatá

A democracia pode ser assim, de Equipo Plantel. São Paulo: Boitatá, 2015.

O livro apresenta o conceito de democracia a partir de imagens do cotidiano das crianças e faz uma primeira abordagem da cidadania e de questões sociais como as eleições, o papel dos partidos políticos e a importância do voto, dos direitos humanos e da informação para a manutenção das liberdades.

Reprodução/Editora Nemo

A herança africana no Brasil, de Daniel Esteves (autor), Wagner de Souza e Wanderson de Souza (ilustradores). São Paulo: Editora Nemo, 2015.

Esta história em quadrinhos (HQ) mostra, de forma delicada e sensível, um pouco da história da escravidão africana e da vinda de homens e mulheres escravizados ao Brasil. As lutas pelo fim da escravidão e a importante presença africana na formação cultural, social e econômica do país também são abordadas.

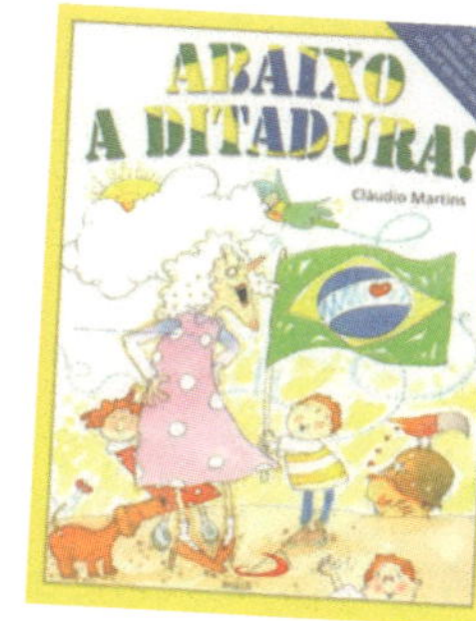

Reprodução/Paulus

Abaixo a ditadura!, de Cláudio Martins. São Paulo: Paulus, 2004.

Nesta obra, as crianças se informam sobre o período da ditadura militar no Brasil, conhecendo a história da forma de governo instaurada no país a partir de 1964 e que durou duas décadas. Com este livro, as crianças poderão aprender o que foi esse período e ver como a vovó da história aqui contada lutou contra a opressão.

Reprodução/Editora Positivo

África, tantas Áfricas, de Conceição Oliveira e Luiz Carlos Azenha. Curitiba: Positivo, 2015.

A diversidade cultural do continente africano, sua história, suas paisagens, a vida dos cidadãos em diversos países africanos na atualidade e a herança africana no Brasil são os assuntos tratados por esta obra.

Reprodução/FTD

De olhos bem abertos: a política presente em nosso cotidiano, de Edson Gabriel Garcia. São Paulo: FTD, 2014.

Glorinha, a diretora de uma escola, sugere a todas as turmas que realizem eleições para escolher representantes de classe. O interesse dos alunos por essa atividade dá origem a muitas propostas, discussões e reflexões sobre participação política. Ao longo das eleições, todos aprendem muito sobre democracia, cidadania e diálogo. Vamos aprender também?

Reprodução/Edições SM

Folia de reis, de Fabiana Ferreira Lopes. São Paulo: Edições SM, 2015.

A Folia de Reis é uma festa popular que faz homenagem aos Três Reis Magos. A festa surgiu na Europa e chegou ao Brasil com os portugueses. Aqui, ganhou diferentes contornos e influências. Nos dias da festa, que ainda hoje ocorre em diversos municípios brasileiros, os foliões visitam casas, cantam e dançam.

Reprodução/Cortez

Isabel, de Carolina Vigna-Marú. São Paulo: Cortez, 2011.

A Lei Áurea, de 13 de maio de 1888, foi assinada pela princesa Isabel. Este livro destaca a trajetória e o cotidiano da princesa, especialmente nos tempos de sua regência.

Reprodução/Moderna

Mamma mia! História de uma imigrante italiana, de Ricardo Dreguer. São Paulo: Moderna, 2015.

Lucía e sua família viviam na Itália. Em busca de melhores condições de vida, eles se mudaram para o Brasil no final do século 19. Como terá sido a viagem de navio até aqui? O que aconteceu com esses imigrantes no dia da chegada? Em que local eles foram trabalhar? Este livro apresenta muitas informações sobre a vinda de trabalhadores estrangeiros ao Brasil e seu cotidiano nas fazendas de café.

Reprodução/Panda Books

Meio ambiente: uma introdução para crianças, de Michael Driscoll e Dennis Driscoll. São Paulo: Panda Books, 2010.

Este livro incentiva a reflexão sobre a preservação do meio ambiente. Aprenda mais sobre a relação entre cidadania e sustentabilidade e conheça atitudes de respeito à natureza, como a economia de água e energia elétrica, a reciclagem, a diminuição do consumo e da produção de lixo e muitas outras!

Reprodução/Panda Books

Meu avô alemão, de Martin Wille. São Paulo: Panda Books, 2012.

Max, um menino descendente de alemães, vai passar alguns dias na casa de seus avós, que vivem no Sul do Brasil. Nessa viagem, Max conhece a história de seus antepassados e entra em contato com a herança cultural alemã no Brasil, vista especialmente na arquitetura e na culinária.

Reprodução/Panda Books

Meu avô japonês, de Juliana de Faria. São Paulo: Panda Books, 2009.

A menina Isabel gosta muito das conversas que tem com seu avô, que veio do Japão para trabalhar no Brasil quando era jovem. Com ele, Isabel se informa sobre a imigração japonesa para o Brasil e descobre que ela também faz parte dessa história.

Reprodução/Editora Positivo

Meu, seu, de todos: patrimônio cultural, de Renata Consegliere. Curitiba: Positivo, 2015.

O livro apresenta muitas informações sobre patrimônio cultural. Textos, ilustrações e fotos mostram a riqueza e a diversidade de bens do patrimônio cultural material e imaterial do Brasil.

Reprodução/Gryphus

Na bateria da escola de samba, de Leandro Braga. Rio de Janeiro: Gryphus, 2014.

Vamos conhecer as atividades de uma escola de samba? Neste livro, você pode entrar em contato com a organização de uma escola, entendendo o funcionamento da bateria, o processo de composição das músicas e os ensaios.

Reprodução/Paulus

Tarsila, menina pintora, de Lúcia Fidalgo. São Paulo: Paulus, 2009.

A pintora Tarsila do Amaral é autora de diversas obras importantes e merece destaque como uma das artistas mais influentes do país. Este livro conta sua história, abordando sua infância, sua formação, seus estudos e seus trabalhos no mundo da arte.

SITES

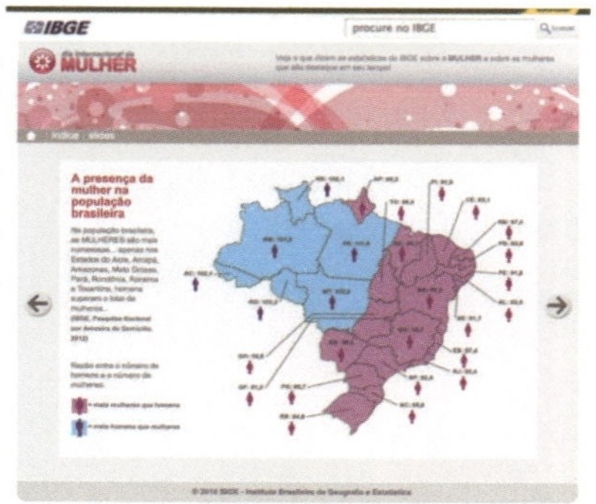

Reprodução/<http://teen.ibge.gov.br>

Dia Internacional da Mulher – Especial IBGE

<http://teen.ibge.gov.br/images/teen/mulher/diainternacional/index.htm>

Site especial sobre mulheres no Brasil produzido pelo Instituto Brasileiro de Geografia e Estatística (IBGE). Há infográficos sobre a situação atual da mulher brasileira no mercado de trabalho. Entrevistas com mulheres de destaque e pequenas biografias de mulheres brasileiras e de outros países atuantes na política, na cultura e nos esportes também podem ser acessadas. Basta clicar na aba "Índice", no alto da página.

Acesso em: 27 abr. 2016.

Reprodução/<http://www.moedasdobrasil.com.br>

Moedas do Brasil (para conhecer a história do Brasil através das moedas)

<www.moedasdobrasil.com.br/index.asp>

Você sabia que o estudo das moedas (e do dinheiro em papel) pode contar um pouquinho da história de um país? Este *site* mostra as diversas moedas adotadas pelo Brasil ao longo do tempo, começando nos tempos da colonização, passando pelo Império e chegando até a República! Clicando em "Cronologia", você pode acessar a linha do tempo completa sobre as moedas utilizadas no Brasil.

Acesso em: 27 abr. 2016.

Revista da Vacina

<www.ccms.saude.gov.br/revolta/revolta.html>

Site especial ligado ao Centro Cultural da Saúde, do Ministério da Saúde. Apresenta muitos dados sobre a Revolta da Vacina. Há uma linha do tempo sobre a introdução da vacina no Brasil e outra sobre o desenrolar dessa revolta. Você também pode conhecer a vida de cientistas estrangeiros e brasileiros que se dedicaram aos estudos sobre vacinação.

Acesso em: 27 abr. 2016.

MUSEUS

Reprodução/<http://museudarepublica.museus.gov.br>

Museu da República

<http://museudarepublica.museus.gov.br>

Localizado na cidade do Rio de Janeiro, esse museu possui um grande acervo de documentos, fotos, objetos, mobiliário e obras de arte representativos da história da República no Brasil. Clique na aba "Visita virtual" e passeie pelas salas do museu!

Acesso em: 12 nov. 2015.

BIBLIOGRAFIA

ALMEIDA, José Luís V.; ARNONI, Maria Eliza B.; OLIVEIRA, Edilson M. de. *Mediação dialética na educação escolar:* teoria e prática. São Paulo: Edições Loyola, 2007.

BARTON, Keith. Qual a utilidade da História para as crianças? Contributos do Ensino de História para a Cidadania. In: BARCA, Isabel (Org.). *Para uma educação histórica de qualidade.* Actas da IV Jornada Internacional de Educação Histórica. Minho: Centro de Investigação em Educação (Cied)/Instituto de Educação em Psicologia. 2004.

BITTENCOURT, Circe. *Ensino de História:* fundamentos e métodos. São Paulo: Cortez, 2009.

________. *O saber histórico na sala de aula.* São Paulo: Contexto, 1998.

BLOCH, Marc. *Apologia da História ou O ofício de historiador.* Rio de Janeiro: Jorge Zahar, 2002.

BRASIL. Ministério da Educação. Secretaria de Educação Fundamental. *Parâmetros Curriculares Nacionais:* apresentação dos temas transversais, ética. Brasília, 1997.

________. Ministério da Educação. Secretaria de Educação Fundamental. *Parâmetros Curriculares Nacionais:* História, Geografia. Brasília, 1997.

________. Ministério da Educação. Secretaria de Educação Fundamental. *Parâmetros Curriculares Nacionais:* meio ambiente, saúde. Brasília, 1997.

________. Ministério da Educação. Secretaria de Educação Fundamental. *Parâmetros Curriculares Nacionais:* pluralidade cultural, orientação sexual. Brasília, 1997.

BURKE, Peter (Org.). *A escrita da História:* novas perspectivas. São Paulo: Ed. da Unesp, 1992.

CARDOSO, Ciro Flamarion; VAINFAS, Ronaldo (Org.). *Domínios da História:* ensaios de teoria e metodologia. Rio de Janeiro: Campus/Elsevier, 1997.

CERTEAU, Michel. *A escrita da História.* Rio de Janeiro: Forense-Universitária, 1982.

COLL, César; TEBEROSKY, Ana. *Aprendendo História e Geografia:* conteúdos essenciais para o Ensino Fundamental de 1ª a 4ª séries. São Paulo: Ática, 2000.

DEL PRIORE, Mary (Org.). *História das crianças no Brasil.* 7. ed. São Paulo: Contexto, 2010.

GOULART, I. B. *Piaget:* experiências básicas para utilização pelo professor. Petrópolis: Vozes, 2003.

GRUPIONI, Luís Donisete. *Índios no Brasil.* São Paulo: Global, 2005.

HOBSBAWM, Eric. *Sobre História.* São Paulo: Companhia das Letras, 1998.

HOLANDA, Sérgio Buarque de. *Raízes do Brasil.* 26. ed. São Paulo: Companhia das Letras, 2012.

KARNAL, Leandro (Org.). *História na sala de aula.* São Paulo: Contexto, 2003.

PINSKY, Jaime. *O ensino de História e a criação do fato.* São Paulo: Contexto, 2002.

ROCHA, Rosa Margarida de Carvalho. *Almanaque pedagógico afro-brasileiro.* Belo Horizonte: Mazza, 2006.

SCATAMACHIA, Maria C. M. *O encontro entre culturas.* São Paulo: Atual, 2008.

SIMAN, Lana Mara de Castro. A temporalidade histórica como categoria central do pensamento histórico: desafios para o ensino e a aprendizagem. In: ROSSI, Vera Lúcia Sabongi de; ZAMBONI, Ernesta (Org.). *Quanto tempo o tempo tem!*. Campinas: Alínea, 2003.

VYGOTSKY, Lev S. *A formação social da mente.* São Paulo: Martins Fontes, 1984.

________. *Pensamentos e linguagem.* São Paulo: Martins Fontes, 2003.